# 黒い大西洋《ブラック・アトランティック》と知識人の現在

市田良彦＋ポール・ギルロイ＋本橋哲也 著／小笠原博毅 編

松籟社
SHORAISHA

# 黒い大西洋《ブラック・アトランティック》と知識人の現在

一、本文中の註は★で示し、近傍の奇数ページ左下に付した。なお、次の奇数ページにまたがって配置した箇所もある。

一、本文中に登場する人名、用語のうち、解説が必要とされるものについては※で示し、人名・用語解説を各論末に配置した。

一、本文中の〔　〕は著者・訳者による補足である。

一、本文中の引用文は、邦訳がある場合には、それを用いた。ただし、各著者・訳者の判断で、訳文を変更した箇所もある。

目次

# まえがき

二〇〇七年十月六日、神戸大学六甲ホールにて、「ポストコロニアル世界と〈知識人〉——「黒い大西洋《ブラック・アトランティック》」からの声」と題する国際シンポジウムが行われた。この本の前半部は、神戸大学国際文化学研究科が主催した、そのシンポジウムの記録である。大学院が改組されて初の、しかし総合人間科学研究科時代から数えて十二回目となる国際シンポジウムのメイン・パネリストとして招聘されたのが、ポール・ギルロイであった。一九九三年に『ブラック・アトランティック』を出版して以来、カルチュラル・スタディーズやアフリカン・アメリカン研究をフィールドに、その独自のディアスポラ理論によって、近代〈知〉のパースペクティヴをラディカルに批判し、その刷新と組み替えに取り組んできた、ギルロイである。

「ポストコロニアル世界において、〈知識人〉の役割とは何か、それは誰か、そもそも誰がそう名づけられうるのか?」。シンポジウムのテーマは、ざっくばらんにもこのような問いから立てられたものである。「このようなテーマでシンポジウムをするのだが、来てくれるかどうか?」という依頼に対して、「Ｙｅｓ」の返答とともに、「こういうインタヴューしたから何か参考になれば」と、ギルロイ自身から紹介された、フランスのオンライン雑誌*Movements*に掲載されたインタヴュー記事の翻訳と、小笠原によるギルロイの思考の「概説」によって、本書の後半部は成り立っている。『ブラック・アトランティック』は、二〇〇六年に待望の邦訳が出た。ギルロイとは誰であるか、彼の仕事のエッセンスは何か、それは訳者諸氏による詳細な解題を参照願いたい。本書に課されているのは、シンポジウムの記録を公表し、広く議論を喚起するとともに、「紹介」ではなくむしろ、今ギルロイを読み、考えることのアクチュアリティを提示することである。

だから、読者諸氏には、どこからページをめくっていただいてもかまわない。後半から読んで、まずはギルロイ「豆知識」をインプットしてもいいし、前半のパネリスト各々のトークに触れることから始めてもいい。いきなり、パネル・ディスカッションの緊張感ある対話の只中に入り込むのも一興だ。本橋哲也と市田良彦とポール・ギルロイである。論争的にならないわけがないだろう。「ポールと市田さんとなら、かなりエキサイティングになるにちがいない、ちょっと怖いけど楽しみだし、やる価値あり」、と招待に応じてくださった本橋さん。「海外からゲストのお言葉ご拝聴ではやる意味がない、まともな議論ができるならば」と、パネルのトップバッターと同時に、かじ取り役を引き受けてくださった市田さん。この人選の段階で、ギルロイだけをメイン・パネリストと考えることはそもそも不可能である。この三者の間に、予定調和を期待することはできないからだ。

日本のカルチュラル・スタディーズを、徹底的にポストコロニアルの視点から鍛え上げてきた本橋哲也と、カルチュラル・スタディーズに対する最も容赦ない、しかし数少ない「まともな」批判者でありながら、決して離れきらずに伴走を続けてくれる市田良彦。限りなく射程の広い、壮大な跳躍をみせるそのディアスポラ理論の中心に、常に音楽を、うたを置いてきたポール・ギルロイと、ジャック・ランシエールを手がかりとしながら、ブルースを「プロレタリアの夜」のうたとして聴き込み、それを解釈体系化された文化から引き剥がそうとする市田良彦。世界十二カ国語以上に翻訳されているカルチュラル・スタディーズのパラダイム・メイカーの一人であるポール・ギルロイと、ポストコロニアル批評が単なる翻訳産業によってパッケージ化された言葉の商品ではなく、世界を現実的に生きるための手段であることを訴え続けてきた本橋哲也。それぞれの独自の言説世界が、それぞれに交接し合っている。その三人が、言葉を投げあい、共鳴させ、反響させる、これはそういう稀有な機会の記録であり、それを出発点として、「文化」をめぐる先鋭的な議論へと読者諸氏を誘うきっかけである。

なお、本書第一部の内容は、神戸大学大学院国際文化学研究科の紀要としてすでに出版されていることを明記しておく。しかし各稿は再校正され、若干の修正が施されていることをお断りしておきたい。

小笠原博毅

二〇〇九年五月

# I

# 黒い大西洋《ブラック・アトランティック》からの声

# 〈知識人は存在しない〉あるいは思考としてのミメーシスについて

市田　良彦

大学に籍を置く人間は知識人であるか。書物を著し、マスメディアを通じて発言する人間が知識人であるのか。ポール・ギルロイの『ブラック・アトランティック』はこの問いに壮大な規模で否と答える書物である、とひとまず言うことができる。すでにカルチュラル・スタディーズの領域において古典となっているこの大部な著作については、もちろん、古典に相応しい様々な視角からのアプローチが可能かつ必要であるだろう。私がこれから提起したいと思う読解は、フランスの哲学者ジャック・ランシエールの政治哲学と美学、とりわけ音楽に関する私の近著[★01]に依拠しつつ、『ブラック・アトランティック』を読もうとするものであるが、これもあくまでも可能な一つの読解にすぎない。しかし同時に、誰が知識人であるのかという問いは、この書物を、大学的な一研究領域における傑出した仕事であることを越えて、今日における古典——つまり他領域の専門家こそが読むべき著作——にするものである、と私の読解は主張することになるだろう。したがって、ひとまず、とは導入を指示すると同時に議論を先取りした言い方でもある。

## 知性的言語としての音楽

問いに対するギルロイの答え、より正確には答えを導くための方途は明快である。黒人音楽家もまた知識人であったと考えることから出発しよう、というものだ。ここにすでに論争的な含意が二つ含まれている。まず第一に、音楽そのものをサブ言語ではなく、さらには人類学的な観察と翻訳をほどこすべき構造体でもなく、知性的な言語そのものと見なすこと。引用しよう。「音楽は、実践理性のあいまいな正統性から奴隷が追放されたことや、近代の政治社会から彼らが完全に排除されていたことへの代償とされるちっぽけな才能であったわけだが、〔黒人音楽家たちの手により〕洗練され、発展させられ、言葉——

語られた言葉であれ書かれた言葉であれ——の小さな力を越える強力なコミュニケーション様式を提供するようになる」[★02]。黒人音楽については今日なお一つの紋切り型の主張として、感情的、情念的、さらには暴力的といった形容がなされる。西洋音楽の和声的形式美が抑圧し、忘れ去ったルソー的自然の美がそこにはあるといった主張が、今日なお多くのところで見られる。これはしかし、裏を返せば黒人音楽は非理性的で不道徳で動物的でさえある、と、理性の側から述べていることにもなるだろう。たとえノスタルジックな憧憬をそこに投影しているとしてもである。こうした言ってしまえばロマン主義的なドクサに逆らって、黒人音楽を一つの合理的言語そのものと見なすこと、これがギルロイの出発点である。そしてそれは同時に、黒人音楽への人類学的なアプローチをも拒むものであるだろう。ここで「人類学的」とは、非理性的と見える現象の下に合理的に解釈可能な構造を発見しようとする態度というほどの意味である。音楽は言葉そのものであるという主張は、音楽が「野生の思考」でさえないと言っているわけだ。実際、ギルロイが注目する音楽の

★01 市田良彦、『ランシエール——新〈音楽の哲学〉』、白水社、2007年。
★02 ポール・ギルロイ、『ブラック・アトランティック——近代性と二重意識』(Paul Gilroy, *The Black Atlantic: Modernity and Double Consciousness*, 1993, London: Verso.)、上野俊哉・毛利嘉孝・鈴木慎一郎訳、月曜社、2006年、150ページ。なお訳文には変更を加えている。

言語性とはむしろ、何らかの構造を備えた「文化」的なものを共同で形成する能力のほうに発見されており、ある時点で静的に抽出可能な文法的構造とはほど遠い。黒人音楽は動物としての人間が発する泣き声でも、不可視の深層構造でもない明白な言語である――これが『ブラック・アトランティック』を貫く第一の観点であり、「黒い大西洋《ブラック・アトランティック》」とは、この言語をベースに成立した広大な独自の文化圏にほかならない。

第二の点は「知識人」に関わる。音楽は言語であるとはいえ、誰もが音楽を奏でるわけではなく、また、言語あるいは言語的テクスト性がそれだけで「一つの」と呼びうる文化圏を形成できると考えるのは、稚拙な文化主義以外の何ものでもないだろう。文化圏を形成する様々な要因についての一般理論のようなものが可能かどうかはさておき、ギルロイはそうした要因のなかでまさに音楽が特別な位置を占めてきた点に、「黒い大西洋」の特質を認めた。そしてこの音楽と文化圏全体の関係を、グラムシに由来する「有機的知識人」の概念により類比的に説明する。ギルロイの言葉を引用しながら要約すると、彼らは「ときに立法者や解釈者が行うような活動に分類されることを避け」つつ、「原始的な自然と合理的な文化の両方をつなぐ社会的な軸の上に土台を置く」[★03]。彼らは社会の進むべき方向を「普遍」の立場から指し示す「司祭的知識人」ではないし、狭い局所的な生活を部族的に導くシャーマンでもなく、近代性と反近代性の境界線上でそのどちらにも属さない、したがってどちらにも属す共同性を動的に組織していく媒体なのである。普遍主義と本質主義と「なんでもありの多元主義」のどれにも与しない、「変わっていく同じもの」[★04]を作り出す媒体が有機的知識人としての黒人音楽家であり、日常生活、さらには思索と文学的創作活動のなかでたえず音楽を参照することにより、その「変わっていく同じもの」が作り出されてきた点が、文化圏としての「黒い大西洋」を特徴付けている。そのように『ブラック・アトランティック』に響く通奏低音を要約することは間違っていないだろう。ギルロイが引いているトニ・モリソンの言葉はそのまま同書を貫くモチーフであり、かつ「黒い大西洋」の歴史的な独自性を端的に述べているはずである。「私は音楽を模倣しようとしているわけではありませんが、音楽に多くのことを学んできました」、「私は取り消すことができないほど完全に「ブラック」な文章を書こうと務めてきました」、「言葉の力は音楽のそれとは違いますが、美学という点からみれば、音楽は私に必要な明断さを与えてくれる鏡です」[★05]。複数の大陸を横断する共同性が音楽

★03　『ブラック・アトランティック』、150 - 151ページ。
★04　『ブラック・アトランティック』、199ページ。
★05　『ブラック・アトランティック——近代性と二重意識』、154ページ。ギルロイ自身によるトニ・モリソンへのインタビューより。

を媒介に作り出されてきたという主張の斬新さと大胆さは、何度でも強調に値する。そしてそこでの音楽が言語以前の「情動」でも、言語を越える「美」でもなく、言語的な知性を運び、育て、それを一つの文化的共同性へと更新したという主張の意味については、今日まともに文化や共同体の問題を考えようとする者はたえず立ち返って考えてみるべきだろう。要するに、それは共同の知性とは何かを再審に付しているのだ。近代と反近代、前近代を分割する線を揺り動かしながら。

### 共同体―倫理―文化

かくも大きな射程をもっているがゆえに、「黒い大西洋」の共同性は我々を共同性（体）をめぐる歴史そのものへと送り返さざるをえない。実際、言語あるいはそれを語る存在が一つの共同体の基底にあるという見方は、プラトンとアリストテレスにまで遡る共同体観だ。彼らの共同体は「理性的存在」からなるものとされる。言い換えると、「理性的存在」が形成する集団がポリス共同体と定義されるのだが、「理性的存在」とは言語の理性的使用を行う人間、同じ言語を通じて共通の理性を駆使する人間にほかならない。歴史的な現実においては、同じ言語を介さない外国人や奴隷となった元外国人は、ポリスの構成員とは見なされなかったわけである。奴隷時代のアメリカが奴隷をアメリカ人とは見なさなかったようにである。出身地がばらばらで共通の言語をもたず、命令を理解する最低限度の英語を教えられた奴隷たちは、ギリシャ時代のバルバロイに似た位置をアメリカにおいてもったろう。ではこの相似関係を参照しつつ、奴隷たちが共通言語たる音楽を英語とは別の言語として発達させたというもう一つの歴史的事実からは、どのような含意を引き出すべきだろうか。彼らが構築した共同性は、同じように「理性的存在」からなる別のポリスであったのか。黒人音楽とは白人英語に対して外国語、「他者の言語」であったのか。いわゆる文化相対主義は概ねそのように考えるはずである。あるいは、一つの言語的なものが一つの文化的共同性を形成するという立場が文化相対主義である、と定義することとさえ可能なように思われる。別の言語を話す人間は別の文化に属している、というわけである。しかし古代ギリシャとの相似関係は、別のことも同時に教えてくれるはずである。一つの同じ言語による共同体の基礎付けは、一つの利害あるいは共同で管理すべき財産をめぐる争いそのものを共同性の基礎からは排除する、ということである。言ってしまえば、階級闘争を共同体間の争いに置き換えるのがポリス的共同体観であり、それは係争そのものが共同性を基礎付けることはないとする立場、共同性はあくまでもコンセンサスにもとづき、共同性があるかぎりそこにはコンセンサスがあるという立場にほかならない。異端的な言説を異教の言説に還元する立場、と言い換えてもいい。そして、階級闘争の言語と共同体の言語は、複数の共同体言語間と同じくらい、あるいはそれ以上に異なっているからこそ、共同体の言語は階級闘争の存在を言語の平面から抹消する。利害の政治を共同体の同じメンバー間、異なる共同体間、いずれにしても〈自己－他者〉間の関係の〈倫理〉に置き換えるのが、言語的に基礎付けられる〈文化〉的共同体観である。

今日、多文化主義は極めて危ういバランスの上に成り立っているように思える。一方において、それは一つの共同体のなかに複数の共同性の存在を承認し、さらにはそれらの利害対立さえ積極的に肯定しようとする。その意味では、多文化主義は階級闘争の概念を受け継ぐものであるだろう。しかし他方、その対立の単位はあくまでも文化であり、文化そのものには言語的同質性に代表される一体性が想定され、内部に対し不断にコンセンサスを要求することになる。そしてその結果、多文化間の関係に関しても、それ自体が一つのメタ文化であるよう、したがって一つの文化であるよう、さらには倫理的であるよう要求することになる。つまり多文化主義はあくまでも一つの文化主義にとどまるのだ。このバランスがどちらに傾くかは状況次第であろう。フランスのように共和主義的普遍主義が公認の支配的言説を形成しているところ――つまり内部に原理的に複数の文化が存在しえないとされているところ（そこでは暴動を起こす郊外のアラブ系の若者は「ならず者」でしかない）――では、多文化主義はそのまま支配的なものへの抵抗の言説となりうる。しかし、コンセンサスの優位が極めて容易に「無限の正義」に行き着くこともまた、我々は知っているのではないだろうか。究極のメタ文化＝文明として「自由－民主主義」は差し出されていないか。言語的なものによって基礎付けられる〈文化〉、それを異にする存在としての〈他者〉、それらの関係としてのコンセンサスの〈倫理〉という三幅対によって形成される言説あるいは問題構成は、ネオリベラルな〈正義〉への歯止めとはならないだろう。

しかし〈倫理〉とは何なのであろうか。その語源が「在り方」にあり、その点で行為の規範としての〈道徳〉からは区別されることは、よく知られているとおりである。ギリシャへの参照は、文化的共同体の倫理がどのようなものであるのかをさらによく教えてくれる。詳細は省くが、プラトン的な市民共同体の理想とは、各人が同時に一つのことだけをするというところにあった。靴屋は靴を作ることにより、漁師は魚を捕ることにより、農民は穀物を育てることにより、共同体の生に貢献するのであって、それぞれの人間には同時に別のことがらにかかわっている時間などないはずだ、とプラトンは主張する。彼にとっては、共同のことがらの管理すなわち〈政治〉は、理想的共同体には必要ない。哲人政治家の任務はつまるところ〈政治〉を共同体から除去して、分業体系だけを共同体の実体として残すことにある。それが倫理的共同体の姿である。倫理はその出発点から反－政治であったわけだ。そして、この倫理の名において、プラトンは演劇を、さらには音楽を共同体から退けようとした。なぜか？　演劇は俳優が自分とは別の人間になること、同時に二つの生を生きることだからであり、音楽は人間が鳥の鳴き声を模倣することだからである。模倣は各人に一つのことだけを行うよう求める共同体の秩序と根本的に相容れないのである。よく知られたプラトンのミメーシス論である。ならば、この議論を逆転させ、音楽は根本的に反プラトニズムであるというところに、その積極的な意味と〈政治〉性を見出すことができないだろうか。音楽を一つの別の言語に昇格させる前に、倫理的な共同体観と結びついた言語観をはみ出る「言語」、本性的に反－文化的な技芸として考えることが。

実際、リロイ・ジョーンズも述べていたように、[★06] 黒人音楽の共同体的起源を探す試みは失敗に終わるほかないし、初期のブルースマンたちは、黒人共同体のなかからさえしばしば追われる存在であり、「近代的な」ブルースを育てたのは彼らの南部からの脱出であり、カントリー・ブルースは「捨てた」田舎をうたう歌だ。ブルースは「地方」の歌ではなく、帰属すべき土地——それは社会的分業体系のなかでの位置をも同時に示すだろう——がないことの歌であり、そこで多く主題とされる「男と女の話」は、エロチックな関係が社会的な非場所性の代補であったことを示すものと言える。ドゥルーズ＝ガタリを想起すれば、歌は持ち運び可能なテリトリーだ。つまり、歌はテリトリーを土地からも社会的位置からも切り離すことを可能にし、レコードとともに漂泊させる。またつまり、歌によるテリトリー化ないし歌のテリトリー創生機能は、同じ歌の脱テリトリー化能力と不可分であり、この能力は歌そのものをたえざる変化のなかに置くだろう。なにしろ、それは他人になる、あるいは別のことをするために歌われるのだから。ギルロイが言う「変わっていく同じもの」★07は、何よりも歌そのものだ。とすれば、音楽はむしろ何らかの文化的アイデンティティの基礎となるというより、それを解体する力であり、だからこそ、音楽の外から

★06　リロイ・ジョーンズ、『ブルース・ピープル』、飯野友幸訳、音楽之友社、2004年。
★07　『ブラック・アトランティック』、199ページ。

「文化的」にアイデンティティの印を音楽に刻印しようとする作用が働くのではないだろうか。

もちろん、歌にはそれ自体に共同性を構築する力もまた備わっている。その点もまた、黒人音楽の「起源」となった労働歌を参照してみればよく分かるだろう。労働の現場で仕事のリズムを互いに調整するためにうたわれる歌は、労働の空間を、いかに強制的奴隷労働であっても一定自律した空間にする。そこは言わばオーケストラの指揮者がいない演奏会場であって、他人の声に耳を傾け、合わせるという以上の規範は必要ない。労働歌は機械システムによらずに集団的労働者主体を出現させる効果をもつ。この働きはバンドという演奏形態に受け継がれていくことにもなるだろう。そこで生まれる共同性は確かにプラトン的分業の共同性（そこでは人は自分の声しか聞かない）とも、近代的労働のそれ（そこでは全員が指揮官の声に耳を澄ます）とも異なっているが、その共同性が先ほど述べた意味において自己破壊的であることもまた疑いない。結局のところ、そのものとしての歌はつねに共同性の創造と破壊の構成的緊張関係の只中にあるほかなく、あるいは歌はそうした緊張関係そのものであり、ゆえに、音楽を鏡に形成される「黒い大西洋」の文化的「一」性は、存在しているのと同じくらい存在していないという極めて特殊なコンシスタンスをもっていると言うべきだ。

## 模倣《ミメーシス》の力と「知識人」

プラトンを参照することにより、我々はまたもう一つ興味深いことに気づく。これも詳細は省くが、音楽を共同体から追放しようとした彼にあっても、共同体的な言語の起源は実は歌であると言うことさえできる。意味の伝達という言葉の本義において、音楽は言葉以上の言葉、イデア的なものへの憧憬を人々に直接的に吹き込む媒体であるとされている。言葉のほうが音楽の模倣である面をもっているのである。周知のように、この言語観は近代にあってはそのままルソーに受け継がれることになる。ショーペンハウアーはさらに、カントの「物自体」が音楽であると主張するところにまで進んだ。こうした系譜にあっては、音楽は具体的で言語的な意味、観念を指示しないがゆえに、意味そのもの、あらゆる意味の意味を担わされる。言語的な意味の不在、欠如が、意味なるものの充溢と一致させれられる。一足飛びにこう言ってしまおう。音楽と言語の関係はどこまでも一つの逆説、互いが互いの鏡であって「実像」がないという逆説にとどまり、プラトンは共同体からの音楽の追放によって、ルソーはそれとは正反対の音楽的な言語という理想の提出によって、ショーペンハウアーは音楽そのものの宗教化によって、みな同じようにこの逆説の解消を図ろうとしたのだ。彼らは三者三様に逆説の存在を認めてもいるのであって、追放されたり貶められたりするのは、正確には音楽でも言語でもなく、両者の逆説的な一致にほかならない。この一致の名が模倣《ミメーシス》であった。西洋近代において、音楽は芸術として自立した。音楽の自立が芸術全体の自立すなわち、アリストテレス的な規範からの解放の指標となると言ってよいくらいだろう。この自立もまた、逆説を解消するための一つのやり方である。言葉の芸術と音の芸術を切り離すのだから。事態を文学のほうから眺めたときには、この切断は音楽のフィクショナルな理想化として遂行されている。ボードレール、プルースト、マラルメにおいて、文学の理想はしばしば音楽になることとして記述されるのである。このように見てみると、先に引用したトニ・モリソンも、西洋近代文学の系譜にしっかりと位置づけられるだろう。フィクショナルな理想化は逆説の肯定とは微妙かつ決定的に異なると言うべきだ。同じように言葉＝音楽という等式を掲げるものの、そこでの等号はあくまで理念的極限の指標であり、世俗世界において言葉はあくまでも自身の上、彼岸に音楽を置いている。そのようにして自身を音楽から切り離している。

知識人とは結局のところ、この切断を遂行する人間のことではないのだろうか。普遍的知識人はまさにそうだ。プラトンこそ普遍的知識人の究極のモデルなのだから。では有機的知識人は？　グラムシにあって、この知識人が普遍的知識人から区別される所以は、自らも労働者階級の一員であることだった。構築すべき共同性のあくまでも内側に位置すること。しかし彼が媒介するのは内側の人間関係だけではない。彼は伝統やその他もろもろの自然発生性に縛られた共同性を、その外――言うまでもなく、グラムシにあっては「マルクス主義」である――に向かって媒介するからこそ「有機的」という資格をもっている。ギルロイの描く有機的知識人にあっては、この外は西洋的近代そのものである。いずれにしても、有機的知識人は共同体の内と外を分節しなければならないのであり、両者の無差異、区別不可能性は彼にとってはあくまで「乗り越えるべき」状態である。無媒介に逆説として実現される一致は、有機的知識人にとって「困った」事態であるのだ。彼はたえず、この一致を解きほぐしてコントロールするという任務を背負うことになる。実際、これは黒人音楽の歴史においても起こったはずのことがらだろう。たとえばブルースが「白い」ロックンロールに収奪されたとき、黒人音楽はファンクを作り出すことでそれに応えなかったか？

しかし私としては次のように主張したい。音楽あるいは音楽家は、有機的知識人に逆らって、〈模倣〉という音楽と言葉の逆説的一致を生きる－実践する者たちである、と。有機的知識人が内と外を媒介するとしたら、音楽家は両者の抗争的な〈間〉であり続け、「位置づけ」には無頓着なままである。それこそが黒人音楽の力だったのではないか。そしてそれは、黒人音楽が歴史的に作用させた普遍的な、つまり黒人の黒人性とは関係のない知性の力だったのではないか。実際、卑近な言い方をすれば、音楽と言葉の差異など、歌をつくる人間にはどうでもよいことではないのか。「なか」のどこかに、あるいは「関係」として、ものごとや自分を「位置づける」能力ではなく、純粋な〈間〉である能力を黒人音楽の歴史は証示しているように思える。それは白人に演奏されてさえ黒人音楽であるから、拡大する力をもったのであろう。しかし、すぐれて黒人たちにこの普遍的な能力が発揮できたのは、やはり偶然ではない。それは白人社会たるアメリカにおいて公認の「普遍」が実はまったく普遍ではなかったから、その共和主義がプラトン的な起源とまったく切れていなかったから、つまり倫理的で文化主義的だったからだ。

ミシェル・フーコーは「普遍的知識人」に対し、「有機的知識人」ではなく「種別的知識人」という形象を対置した。これは一見したところ、何らかの専門性を有し、それを社会全体の共同の生へと政治的に媒介する知識人のように見える。ローカルなあるいは階級的な共同性に代えて、知的領域の内部性と社会を橋渡しする存在を置いているように。しかし彼は、「私は知識人などというものに会ったことがない」[★08]とも言っている。そして付け加える。「何か仕事をやっているまさにそのときに、自分は何をやっているのかと問うことにより、「政治化の一地点から他地点へ横断的結合が生み出されうるようになる」[★09]。自分は何をやっているのかと問うことは、それ自体で、自分がやっていることを二重化する振る舞いであり、この自己の二重化により、二つの自己の〈間〉として、社会のなかにはどこにもない場所が開かれる。場所の体系としての社会のなかに、非‐場所が生まれる。フーコーはそこに「横断的」結合の可能性を見たのであり、単なる場所と場所との分節がそうした結合であるのではない。彼にとって唯一肯定的に評価される知識人とは、正確に言えばしたがって、社会のなかには場所をもたない人、社会のなかに非‐場所を開く人であるだろう。どこにもない場所は、どこにも局所化されないのだから、それだけですで

★08　ミシェル・フーコー、インタビュー「覆面の哲学者」、市田良彦訳（『ミシェル・フーコー思考集成VIII　政治／友愛 1979 - 1981』、蓮實重彦・渡辺守章監修、筑摩書房、2001年）、285ページ。

★09　ミシェル・フーコー、インタビュー「権力について」（桑田禮彰ほか編、『ミシェル・フーコー—— 1926 - 1984　権力・知・歴史』、新評論、1984年）、36ページ。

に普遍性をもっている。すぐれてフーコー的な知識人はやはり普遍的であるのだ。そして『ブラック・アトランティック』が我々に教えているのは、黒人音楽家とはそのような人々であったということではないだろうか。南部の農村共同体でも、北部の都市でもなく、レコードが共同のテリトリーになる、とは、普遍的な非‐場所を発明する一つの仕方であるだろう。だから彼らには「有機的知識人」の称号は必要ない。彼らは特殊な歴史的状況のもとで、どこにもない場所を開くことができた普遍的知識人なのだ。たとえレコード産業がこの非‐場所を再び社会のなかの一つの場所にしてしまうとしても、そこに揺ぎはない。

# 文明主義に抗《あらが》う

ポール・ギルロイ
小笠原博毅訳

## 「文化」トークと文明主義

『ブラック・アトランティック』が世に問われた時の歴史的状況は、いまやほとんど姿を留めてはいない。思想界における欧米支配の終焉を理解し、読み書き能力の乏しかった世界で知識人の経験に課されていた制度的かつ技術的限界を受け入れることは、今やそれほど難しくはない。音楽もかつての姿を大きく変えてしまった。アフリカン・アメリカン文化に固有の（vernacular）形式は、せいぜい負のグローバリゼーションのための好戦的なサウンドトラックでしかなくなってしまった。大西洋世界自体においてもまた、アフリカとそこからやってくる新たなディアスポラたちについての新しいアプローチを必要とする、南から北への新たな移動のパターンが生じている。私がここで提起したいのは、このような変化を考慮しつつ、黒い大西洋《ブラック・アトランティック》のさまざまな論点が、こうした現状に対してどのような視点を提供できるのかということである。これはグァンタナモ湾にあるカリブの基地も含めた、黒い大西洋のさまざまな力学に関する新しい地図を作り上げようとすることだけではない。私が言いたいのは、方法論的ナショナリズムに対する戦いを再び始めなければならないということであり、より論争的に言えば、ここ数年来影響力を強めてきた文明主義的思考を支えている文化へのアプローチと対決しなければならないということである。

二十世紀の偉大な実験であった「多文化主義」は終わった、その試みは失敗してしまった、なぜなら、あらゆる不忠ものの移民たちやその子孫たちはテロリストになりうるからであり、各国の幻滅しきった労働者階級は、新参者のせいであるべき市民としての資格を奪われてしまったと訴え始めているからだ、などということを、ヨーロッパに住むわれわれは何度も耳にしている。人種が直接的な政治の争点になっていなかったところでさえ、多くの政府は、その真正な「土着の」市民たちが超国家主義者の側になびいていると憂慮している。ポピュリストの政治に言わせれば、そうしたゼノフォビア（外国人嫌悪）とは、市民たちの仕事を奪い、路上を汚し、自らの政治的資格付けを、特別の懇願と優先的な扱いを求めるための、道から外れた不当な方便として利用している、望まれない移民たちに向けられる、正当な不満の表現なのである。どれだけ社会理論の刷新が進もうと、それらは必死に、グローバルな「南」からの侵入に対してヨーロッパと北アメリカが砦となるべきだ、という主張に同調するような仮説を裏付け、それを言いふらしているにすぎない。

ポストコロニアルな移民と制御不能な多文化に対して責任を負うべき誤った統治策もまた、失敗に終わったと審判を下された。なぜならにっちもさっちも行かなくなった国民国家の結合力とはもはや、どれだけ「同じである」かということにかかっているからだ。国民共同体は類似性次第だという考え方が定着してしまっているのである。これは、文化的同質性が経済社会的不平等という反社会的な帰結を相殺できるという考え方に投影されるものだ。この貴重で機能的な同質性は、ヨーロッパ的社会モデルの残りものが依拠する相互性の前提条件か、もしくはグローバリゼーションとネオリベラリズムが求めている、手遅れの「改革」のための不可欠な前提条件とみなされる。

われわれはさらに深いレヴェルでもまた警告されている。多文化主義という実験が失敗したのは、「文化相対主義」のせいだ、「政治的正しさ」のせいだ、外国人による明らかな汚染と裏切りに直面して文明化の歴史的価値のために立ち上がることを、哲学的な根拠を傘にきて見誤り拒絶したせいだと。

絶え間なくやってくる移民たちは、もろく崩れつつあるホストたちの社会秩序に名目上は「統合」されているかもしれないが、ホストたちが要求する通りの「同化」を拒否してきた。こうした状況の背景にあるのが、文明の衝突という考え方である。そこでは文化的な非共約性が決定的なものとなる。

単なる統合と望まれし同化との違いは依然として重要だ。しかし両者はともに文化と差異についての特別な考え方を前提としている。それは、国民共同体はその性格上、政治的ではなくまず何よりも文化的であるとみなされることによって、一貫性、連帯、そしてとりわけどれだけ「同じである」かが理想だと考えられるということだ。このような用語の星座は、マフムード・マムダーニ[※01]が「文化トーク」と呼んだものを促進する。[★01]われわれは観念やイデオロギーの世界ではなく、曖昧模糊とした星雲のような価値の陰の世界に導かれる。価値はいまや、まさにかつて十九世紀にそうされていたように、絶対的で、自然で、地政学的で、橋渡し不可能だと想像されている文化的差異のイコン的暗号へと瞬時に具体化されるのである。

注目すべき特徴的な形式の擬似政治的省察が、いんちき薬とともに出現した。それは文化概念それ自体の、時代遅れに見えるが妙に居心地のいい概念から捏造されたものである。その現代的な力を理解するためには、その視点からは真正で正当な文化的多様性など考えられないということに気づかなければならない。平和と多元性がうまく組み合わさるなどということは、連帯が多様性と現実的に和解可能であるのと同じくらい考えられないことなのだ。人種化され、かつ民族的な用法や階層性を示すためにどっぷりとコード化されている多元性と多様性という言葉には、必然的にリスクが伴う。それは修復不能な暴力の潜在的な火種だと理解されねばならない。世俗国民国家の理想的な政治慣習によれば、安定した政体が快適に協調できるのは単一文化の下でだけだということになっている。それはもろく、変化に乏しく、静態的だが、今日の不安定な条件の下では、連帯を生むとい

★01 Mahmood Mamdani, ed., *Beyond Rights Talk and Culture Talk: Comparative Essays on the Politcs of Rights and Culture*, New York : St. Martin's Press , 2000.

うのである。

こうした状況が、第一次世界大戦によって教養あるコスモポリタンとして知られることになる人々の間で生み出された雰囲気についての同情的な描写のなかでフロイトが記した状況を想起させるような、さまざまな幻滅を生み出したのである。フロイト自身も含むそのような人々の国民的忠誠は、彼が第二の父祖の土地と呼ぶものへの愛着によって決まる。そのような高度な愛国主義は一つの文化的変種なのである。それは一つの共通の超国民的な文明の快楽と超越論的美学へといたる、人類の偉大なる芸術的成果を称揚することによって発見された。[★02] 国際法的慣習の明らかな無視をその特徴とする第一次世界大戦は、それまで国民と文明の間で競い合われていた忠誠どうしが和解状態にあった状況を破壊してしまった。そして、急激な幻滅とそれに一致するような無力感が続いたのである。このような脱魔術化の歴史を覚えておかねばならない。なぜなら、このような歴史自体がさらなる幻滅にさらされているからだ。いまやこのグローバル規模の緊張感とコミュニケーションの速度によって、この脱魔術化の効果はフロイトの時代よりもさらに激しいものになっている。

文化と国民性との最適な関係に関して近年最も流行している仮説は、フロイトの悲しげなコスモポリタニズムが橋渡しをしようとした分断よりもはるかに単純だ。その仮説にはまた別の結果が伴っている。例えば、人々が自ら所属すると想像している社会集団をどのように形成し再生産するかは、彼らがすでに自分たちと同じような状態にあるとみなす人々と肯定的な関係を結ぶための、本質的な気質次第だということなのだ。だからナショナリズムは、それ自体が囚われている本能を再び読み込もうとする。このような集団化にとってタイムリーな標語を提供するのは、またもや文化である。硬直化され、道具化され、文化は経済的要請と歴史、創造性といった、あらゆる社会的圧力によって濫用されることになる。人々をピクルスのように保存したり、ああだこうだ、羊だ山羊だと永久に印をつけ続けることで、文化は人々を効果的に捕縛するのである。

国民集団は、その静態的な対象としての絶対的な文化を、まるでそれがある種の財産であるかのように所有するよう促される。絶対的文化は魅惑的になり、その中の市民は、同質的だとされている国民国家の特別な環境条件との単純で機能的な調和の中で維

★02 Sigmund Freud, "Thoughts On War And Death: The Disillusionment of The War", *The Complete Psychological Works of Sigmund Freud*, Volume XIV ed. James Strachey, et al., Vintage, 1967 pp. 276-278.（ジークムント・フロイト、『人はなぜ戦争をするのか——エロスとタナトス』、中山元訳、光文社古典新訳文庫、2008 年、49 - 53 ページ）

持されている人種的特性と政治的存在論の長い歴史における、単なる一時的な構成要素だとみなされるのである。

このテーマのこうした反復は、それが終わりなき文明間の衝突という公式に認められた絵空事によって提供される状況下で、「文化トーク」を増長させ増幅させる脱政治化のメカニズムに見られる、些細だが注目すべき要素なのである。現代史の常識的な説明としてこの論理が反復して繰り返されることによって、人種と民族の政治が刷新される。それは情報戦争の一部として広まっていく。そこでは、同化しない他者性との出会いはすべて、テロリズムとの遭遇ということになってしまうのである。

文化と国民性との関係には長い歴史的系譜があるが、人種のノモス〔習慣的分断〕を人類の自然で不可避な運命として受け入れることは、ヨーロッパによる新世界の植民地化の過程で近代的な承認を得た。それが現在では、合衆国の歴史に見られる人種的民族的住み分けと、階層性特定のパターンに密接に受け継がれている。それはしかし、他の地域でのように、定住植民地主義、奴隷制、原住民に対する虐殺戦争の結果としては理解されていない。そうではなく、近代民主主義の人種との結びつきは、たやすく矯正可能な逸脱程度にしか考えられていないのだ。それはその罪にまみれた受益者たち、すなわち植民地支配者たちによって犯されたあらゆる不正の結果であるのとおなじ程度に、その犠牲者たちが持つ当然の欠点のせいでもあるというわけだ。合衆国は、特別なパターンの国家建設を推進しただけではなく、民主主義の発展にも介入し、意味深長で肌の色によって種別化されるのではない市民権に対して長きに渡り門戸を閉ざしてきた自国の人種差別と排除を、未だにきちんと分析しようとはしていない。

現代の社会政治的生活に対する人種差別の強い影響力を認めないことによって、文化的な原動力は、問題であるとともに解決策として焦点化される。人種差別を、政治的には瑣末なこととして、学問的にはさして重要ではないとみなすことで、人種階層の再生産を自然化し、民族絶対主義を国民国家の政治生活へと静かに織り込んでいくことにもなる。人種差別と超国家主義こそが、ポストコロニアルな人々を、例えばオカルト主義の誘惑や陰謀理論や政治的イスラムへと誘うことによって、さまざまな形態の原理主義的思考へと走らせているのではないかという点については、まだそれほど議論されてはいない。このような考え方は、不安と危険が支配的な特色となっている政治的、経済的、技術的環境において、強力な根拠を確実に提供できるのである。

さらに悪いことに、人種とナショナル・アイデンティティの政治はいまや、安全ではなく安全優先主義――警察と軍隊を融合させ、大都市の内部と外部との旧来の区分を曖昧にすることで、植民地的政治技術を現在へと強力に反映させる権力と支配の斬新な形式――の外縁として仕立てられつつある。

この危険性はカルチュラル・スタディーズの制度的撤退とも結びついている。どのような欠点があろうと、カルチュラル・スタディーズのプロジェクトは、文化とその作用が政治意識や経験にどのようなインパクトをもたらすのかに関する豊かな考察を約束し、時には実際に提供してきた。しかしその転倒は次なる後退によってさらに際立ってしまった。臆病な学者たちが、旧来の学術領域が提供する庇護の下へと撤退してしまったのだ。溶解し、残りわずかに見え始めていた学術的境界が、再び熱心に引きしめられているのである。もはやカルチュラル・スタディーズは批判的プロジェクトではなくなってしまった。その凡庸な考え方の中には、文化を単に私有の、または民族の、または国民の財産として概念化するだけで満足している保守的な興味に裏打ちされてしまったものもある。

このような状況の中で、合衆国の歴史から借用された人種に甘い文化的な伝承知識が、ある種の常識や標準として機能する。それは人種化された政治の限界と重要性とを理解し、人種階層によって作られた問題をコントロールする最善策として、世界中で計画されている。それはまた、文明主義的思考の主張にとっても不可欠である。合衆国の歴史に由来する、成功裏の定住植民地主義という絵空事は、文化的異種混合性という禍《わざわい》と、多様性と移民の負の影響力に関する論争に原理的な規範を提供した。合衆国の歴史と政治文化はまた、「人種」、人種差別、凝集力の政治についても、地球上のあらゆる人々の未来を指し示す理念型を生み出すために参照される。合衆国由来のモデルは、まるでそれが緩やかに分離可能な市民的ナショナリズムと民族的ナショナリズムとの間の理想的なバランスを取っているかのように受け取られている。アイデンティティ・ポリティクス、積極的優遇措置《アファーマティブ・アクション》、犯罪歴データ作成といった合衆国的な人種の技術は、人種差別によってもたらされた問題への即席の解決法として輸出されるのである。★03

しかしながら、人種差別の歴史や人種階層への無関心によって、ローカル、国家規模《ナショナル》、地政学的な衝突の説明が文化的分断という考えを強調することになり、その結果「社会資本」、異質性、他性に関する政治論議が、別の方向に進むことになってしまう。

このような状況にどう対応するかは、以下のような取り組みにかかっ

---

★03　例えば、NAACP（全国有色人種地位向上協会）大会に対する、ブッシュ大統領の2006年7月のスピーチを参照。http://www.whitehouse.gov/news/releases/2006/07/20060720.html

ている——文化トークと文明主義との合流をどのように解釈するか？　われわれを取り巻く文化的影響と文化の組み合わせのパターンをどのように評価するのか？　文化的同質性が最優先されている状況をどう理解するのか？——結局連帯とは、地域的《ローカル》にも大都会でも国家単位《ナショナル》でも、多くのさまざまなレヴェルで形成され計画されうるのである。

## リヴァイアサンとビヒモス、もしくは海の掟と陸の掟

こうした問題に対する私の答えは、確かにそれが必要ではあるとしても、また別の文化的多元性の理論を提示することではない。それよりも重要なことは、コロニアルであれポストコロニアルであれ、多くの都市の日常生活で普段から当たり前のように行われているコンヴィヴィアルな社会的相互作用の対抗的歴史を作ろうとする試みである。コンヴィヴィアリティ※02という概念は、解釈のための焦点をポストコロニアルな接触領域での出来事に先立つ文化資源から移行させる。出来事に先立つ文化資源ではなく、地域レヴェルでの慣習的相互作用の混交的なテンポと快楽に注目しようということだ。そこで生じる関心と生み出される衝突はともに、境界づけられた民族的エンクレーヴ〔飛び地〕という前提に

揺さぶりをかける。その結果社会のイメージは、国民的で文明的な絵柄を形作るように並べられる文化の断片のモザイクではなくなる。そしてわれわれは、社会の経済的局面に注意を向け、固有の社会性を訴えるような欲望、翻訳、コスモポリタニズムや交差文化的想像力の目まぐるしいほどの荒々しいパターンを発見するのである。★04 このパターンが階級や地域性、そして愛と仕事によって結び付けられた連帯の形式として際立たされるとしても、文化横断的な接触は生産的なものとして認識されるべきである。それはとりわけ、人種差別、民族絶対主義やその他の分裂要素が確認され、そしておそらく一時的にではあるがそれらが克服されたときに、市民的かつ民主的な相互作用の豊かなパターンをたびたび生み出してきた。

こうした状況の中で、『ブラック・アトランティック』において提示された方法論的ナショナリズム批判は、※03 異なる解釈の可能性を提示することができる。その可能性を発展させるために、領土的な主権という問題から、港湾都市の特色ある歴史へと視点を移してみる必要がある。港湾都市では、国際的な文化が日常の経験であり、文化横断的な

---

★04 James Clifford, *Routes: Travel and Translation in the Late Twentieth Century* Harvard, 1997.（ジェイムズ・クリフォード、『ルーツ—— 20 世紀後半の旅と翻訳』、毛利嘉孝ほか訳、月曜社、2002 年）

関係は例外的なものでなかっただけでなく、望ましいものであったからだ。いまや文明主義的言説の文化的仮説に挑戦し、その仮説が推奨する文化についての定住的な見方を中断するために、港湾都市の歴史を用いることができるのである。

港は常に交易、情報、蓄積といった相互に交差する網の結び目だった。波止場では地面に根付いた主権が河や外洋の荒くれる力だけではなく、水際で労働するものたちの特色ある慣習や遍歴、不服従の心性と対決した。海洋連鎖のもう一方の際では、拡張するヨーロッパの利害によって形成された植民地的な海洋国家権力が、自由と自立を求めて闘う奴隷、船員、海賊、原住民たちの反帝国主義的な抵抗と対決していた。★05 こうしたまったく異質の集団たちが、勃興しつつある資本主義の容赦ないからくりに対して、時として一致団結して闘っていたのである。とくに奴隷制廃止闘争は、政治活動の領野を形成し、権利、市民権、参政権をめぐる近代の運動の来たるべき方向性を決定した。船と船員はその流行の媒介となったのである。

沖合では、地上の権力と生物たちの領土的近代が、崇高な海の無秩序な存在に道を譲ったのだ。ビヒモスはリヴァイアサン※04に屈服し、その不安定な邂逅が港湾都市の文化的経済的中枢にまで持ち込まれた。たとえそれらの都市が拡大するヨーロッパの植民地システムの中心に位置していたとしても、そうだったのである。地面に根ざしていた都市の様相は、自然との異なった関係とともに、その出自、言語、文化に関わらず、船員たちによって経験された急進的な相互依存に由来する連帯の実践との異なった関係を特徴とする海からの景観によって、変容させられた。

異なる種類の資本主義と異なる種類の軍事力とは、陸に囲まれた都市をその白みがかった塩気のあるイメージへと変質させるために戦われた、海洋冒険譚の二つの顕著な帰結である。統治には、それがただ単に領土的なものであったときには、特定の制度的形態と特性があった。植民地的な海洋権力が合併整理されると、国家は制海権を獲得し、様相を変えていく。国家は、国内と国家間の利害や人口の間で生じる衝突を調整し、その統制管理を請け負わされたのである。

海を渡る傭兵や私掠船、海賊が近代国民国家の形成に果たした貢献について、国家形成や近代政治の歴史家たちはほとんど注目してこなかった。★06 法や戦争の特色あるパターンが、権力の貯蔵庫、国家横断的な意味の宝庫、歓迎されない汚染の導管としての港湾

★05 Peter Linebaugh and Marcus Redicker, *The Many-Headed Hydra: Sailors, Slaves Commoners, and the Hidden History of the Revolutionary Atlantic*, Boston: Beacon Press, 2000.

★06 Janice Thomson, *Mercenaries, Pirates and Sovereigns*, Princeton University Press, 1994.

都市から生まれた。われわれは古代の神話の圧力に頼ることなく、権威、商業、アイデンティティの対照的な形態が、陸と海にそれぞれつながる社会的文化的環境からどのように生成しているのかを考察しなくてはならない。★07

世界史を比較の観点から概念化しようという当初の試みの中には、進化する文明の質を分析するために、水との交渉に目を向けるものもあった。人間社会は河川や川辺での生活の段階から内海周辺部の移動を含む入り江の段階を経て、外洋の旅と長距離交易を特徴とする新しくより洗練された段階へ進化したと考えられた。たとえこのような大雑把なやり方ではあっても、社会と経済の発展に関するこうしたアプローチによれば、港を異なる種類の都市として認識するべきなのである。このようなアプローチにとって港は、都市／国家の保護壁に一度しっかり守られてしまっている近代的国民性の原理が依然として最上のままであるような、責任ある兵／市民の単純な蓄積によって提供されるよりも、はるかに具体的で要求の高い権力と文化の結び目を形成した。

沿岸地域の大都会は、それが組織し形成した交易活動以上に成功を収めた。人間、言語、伝統がそこに旅し、ぐちゃぐちゃに交じり合った。文化には多元化されダイナミックで予測不能な強度があった。階級関係は極めて複雑になり、人種階層は海上で必要な相互互助という基本的事実によって修正された。このような環境は、近代性自体が歴史的にどのように解釈されてきたのかについて修正を迫るような、思いがけない親密性と驚くべき接続性を創造したのである。奴隷、砂糖、綿、干鱈《ひだら》、足鎖《そくさ》、銃、その他の手工業製品の流通を通じて、ヨーロッパをアフリカ、カリブ、アメリカに結びつけた大西洋の「三角」貿易は、そのいくつかの例を提供している。時として奴隷と強制労働者、自由労働者はすべて一緒に、むき出しの資本主義によって設定された破壊的なテンポのなかで仕事をした。単一耕作《モノ・カルチャー》のプランテーションによる産業世界は、利益を危険にさらすことなく食糧生産に手をまわすことはできなかった。しかし、樹木の伐採と焼畑による生産活動がもたらすストレスと緊張は、労働者たちに、生きるためのたんぱく質、炭水化物、塩を必要とさせた。C・L・R・ジェームス[※05]が強調した根本的な論点がここにある。「奴隷が着ていた服でさえ、食べていた食料でさえ、輸入されていた。したがってニグロとは、そもそもの始めから本質的に近代的生活を生きていたのだ[★08]」。

---

★07　Carl Schmitt, *Land and Sea*, Washinton D.C.: Plutarch Press, 1997.（カール・シュミット、『陸と海と——世界史的一考察』生松敬三ほか訳、慈学社出版、2006 年）

★08　C.L.R. James, *The Black Jacobins*, London: Allison and Busby, 1980, p. 392.（C・L・R・ジェームズ、『ブラック・ジャコバン——トゥサン・ルヴェルチュールとハイチ革命』、青木芳夫監訳、大村書店、2002 年）

植民地近代に不可欠だった富と資本は、コスモポリタンな熱帯の都市を、また別の意味でも稀有なものにしている。一五四九年に建設されたサルヴァドール・ダ・バイーアは当初ブラジルの首都であり、数年間にわたってアメリカ大陸でもっとも求心的な都市だった。「黒いローマ」の名で知られるこの町はいまだに、ブラジル初の大聖堂を含む一六六のカトリック教会がある、小さな砦に囲まれた地域である。そこにはカンドンブレ信仰の家々が散在し、このヨルバ族奴隷たちの宗教が生き残り、変異し、発展していったのである。植民地バロックによる装飾によって、神の栄光はその町の支配エリートたちに過剰な黄金文化をしつらえたのだ。ハリケーン・カトリーナによる被害からいまだに回復していないニューオーリンズもまた、ユニークな混合文化を持つ、もう一つの多文化港湾都市である。そこでの折衷主義は奴隷制だけによってではなく、その街がヨーロッパのさまざまな帝国に従属していたそれぞれの植民地時代を通じて栄えてきたものだ。奴隷貿易によって根付かされたこのパターンが、ヴードゥージャズ、セカンド・ライン・ファンク、コンゴ・スクエアなどの、規則ある対抗的な創造性を生み出した。それによって、クレッセント・シティ〔ニューオーリンズの別名〕は重要な商工業都市となっただけでなく、黒い大西洋世界の文化的首都となったのである。

このような複雑な環境の中で、人類学〔人間学〕という新しい科学に体系化されることになる解釈慣行のレパートリーは、当たり前の日常的な技術だったにすぎない。イマニュエル・カントが、彼がこよなく愛するケーニヒスベルグの商人や船乗りたちから聞き習った貴重なことを放っておくわけがなかろう。またサドがマルセイユで行った実験や、ロンドン港でのベンサム兄弟を考えてみるといい。サミュエルとジェレミーは、彼らの都市ロンドンを分断すると同時に、全世界に開いてもいる川がもたらす商業的経済的躍動からエネルギーをもらっていた。ピーター・ラインバウは、かの有名なパノプティコンが、ロイヤル・ドックヤードの労働者たちをどのように統制しようかというサミュエルの悪戦苦闘からいかに生まれたのかを記している。そこでは定額賃金はなく、こそ泥的な所業は、伝統的な生計を立てるための、当たり前で正当なやり方だったのだ。★09

勃興しつつあるグローバル経済の中で人間貨物の一つとして積まれた経験を振り返って、かつて奴隷であったオローダ・エキアーノ※06は、河岸に着きさえすれば自由な人間になれると希望を持ちながら、テムズ上で船に閉じ込められていた経験について語っている。いつの日か自由を買い取るた

★09　Peter Linebaugh, *The London Hanged: Crime and Civil Society in the Eighteens Century*, London: Verso, 2003.

めに、苦闘しながらカリブを彷徨している間に経験した、陸と海とのそれぞれの秩序の間にある敵対的な関係を劇的に際立たせていたもう一つの「人間性に課された極めて興味深い重荷」について彼は語っている。ここでの明らかに象徴的な表現によって我々は、海上での道徳的帰結のなかには、異人種間のセックスと結婚が次第に規制され、犯罪化されていた渇いた地上へと流れ込んでいたものがあると想像することができる。[★10]

白人の男がモンセラートに土地と奴隷を持つ黒人の解放奴隷の女と教会で結婚したがっていた。しかし牧師は、白人と黒人が教会で結婚することは違法だと言う。そこで男は水上で結婚すると言い、牧師も同意した。愛しあう二人はボートに乗り、牧師と従者がもう一艘に乗って漕ぎ出し、式が執り行われた。[★11]

港と市場との関係がより直截なものであることは、言うまでもない。海港都市が享受した力と影響力は、その都市の交易の規模と特色に直接由来していた。ロンドンにおける大都市の生活への植民地的なものの影響力は、直接間接の次元の入り混じった複雑なものだった。新しい形態の金融、保険、商取引が奴隷商人たちの要求を満たすために発案された。混雑する港の取り締まりには、西インド商人の利害が中心的かつ密接に関わっている。倉庫街を行きかう物資の相当数が盗難にあっていたことから、彼らは警察＝取締りという新たな近代科学が、合理的な政治経済、賃金制度、刑法の残虐で極めて厳しい執行のための重要な武器になると考えたのである。西インドの商人たちは巨大で難攻不落なウェスト・インディア・ドックを建設しただけでなく、それを守るために、ロンドンで最初の警察隊に給料を提供した。★12 その過程で彼らは、その時代に関する不十分な経済的説明では十分に了解されていない、植民地と帝国の首都とをつなぐものを築き上げたのである。

ハーマン・メルヴィルは『白鯨』の中で、こうした場所のコスモポリタンな性格を描き出している。彼はニュー・イングランドの捕鯨基地であるニュー・ベッドフォードの街路と他の港の街路とを比較する。

どんな港町でも、ドック近くの目抜き通りでは、外国から来たこの上なく奇妙な風体の輩たちを目にすることが多い。

★10 Winthrop D. Jordan, *White Over Black: American Attitude Toward the Negro, 1550-1812*, Chapel Hill: The University of North Carolina Press, 1995, pp.139-145.

★11 Olaudah Equiano, *The Interesting Narrative and Other Writings*, London: Penguin Books, 1998, p.119.

★12 Leon Radzinowicz, *A History Of English Criminal Law*, Vol.2 chap 12, London: Stevens and Son, 1956.

ブロードウェイやチェスナット・ストリートでさえ、地中海からの船乗りが恐怖に慄く女たちと押し合いへし合いしているし、リージェント・ストリートを知らないラスカル〔喜望峰以東の旧英領出身の船乗り〕やマレー人はいない。アポロ・グリーンにあるボンベイでは、生きのいいヤンキーたちはしばしば原住民を怖がらせていた。[★13]

この最後の文にある皮肉な転倒は、メルヴィルのコスモポリタニズムを肯定するだけではない。それが示しているのは、メルヴィルが、自身の文化を裏打ちしている諸々の想定からの、船乗り特有の離脱と言いうるものの価値に気づいていたということだ。メルヴィルにとってその離脱は、意義のある人間の差異をとるに足らない些細な差異から区別するのに不可欠だった。

イシュマエルの叙事詩的な地球規模の物語は、そのままエキアーノの独特な洞察を踏襲している。つまり、海の掟は陸の掟とは違うということだ。投獄された共産主義者C・L・R・ジェイムズは、ニューヨーク湾内のエリス島監獄からの出所を待ちわびる囚人として筆を取りながら、ピーコッド号の上で起きる展開は、岸で見られるものよりもはるかに先を行っていると指摘している。完全に実現されるにはまだ少し時間がかかるであろう領土的な社会性が、すでに海の上ではちらほら見えているというのだ。ジェイムズによれば、メルヴィルは海とそこでのグローバルな商業活動とに深く注目したおかげで、その時代のどんな作家よりも明瞭に資本主義の将来を見通すことができたのである。海と、海が港と、そして何より異種混淆の海のプロレタリアートに植えつけた特有の習慣とは、メルヴィルの洞察に比類なき重要性を与えている。ジェイムズによると、

メルヴィルは産業文明の単なる代表的作家ではない。彼はその唯一の作家なのだ。彼の偉大な著作〔『白鯨』〕の中では、消耗しきった文明の分断や抗争性や狂気が非情なやり方で吟味され廃棄される。自然、技術、人間の共同体、科学と知識は、人間の能力と達成力を壮大に開拓しつつ、新しいヒューマニズムへと溶け込んでいる。『白鯨』は世界中で焚書の目にあうか、西洋文明が生き残るための条件と視座に関する、最初の包括的な文学的宣言となるかのどちらかだろう。★14

★13 Herman Melville, *Moby Dick*, London: Penguin Books, 1994 ed. p. 125.（ハーマン・メルヴィル、『白鯨』上下巻、千石英世訳、講談社文芸文庫、2000 年）

★14 C.L.R. James, *Mariners Renegades and Castaways: The Story of Herman Melville and the World We Live in*, Detroit: Bewick Editions, 1978, p.105.

今日われわれは、ジェイムズによる新たなヒューマニズムへの確信を熟考すれば、もう一つの世界規模での政治的争点の礎として考えることができる、古くからの問題へと、つまり人権闘争の系譜学へと立ち返ることができる。「私は男でも兄弟でもないのか?」、「私は女でも姉妹でもないのか?」。この問いは奴隷制廃止論者であったジョシア・ウェッジウッドによって彼の陶器製メダリオンに刻み込まれ、ヨーロッパで初めて登場した倫理的な消費者向けの砂糖入れの内側に書かれていた。

このような問いの持続的な力は、反奴隷制闘争がいかにして人間という概念を形成していったかを物語る。このような奴隷廃止論のレトリックの破壊的な力によって、白人らしさは精神性に、黒人らしさは身体という疑わしい商品に、それぞれ一致させられる致命的な二元論との心地よい関係を乗り越えて、人種差別的なヨーロッパ思想が、いかに発展してきたかということを、新たに評価することができるだろう。

人種差別的奴隷制に対する闘争は、共通で不可分の人間性が認識されうるメカニズムを据え付けるだけではなく、権利という概念を試行し、市民権に張り巡らされた人種的境界に抗い、資本主義のモラル・エコノミーに限界を見出した。そしてそうした戦いは人種階層という考え方と激しく衝突した。一方では自由と平等があり、他方では国民的友愛という理想があり、その間に楔が打ち込まれた。戦いはまだ続いている。港湾都市はこのような戦いが実現した最初の舞台なのである。

アフリカ系アメリカ人の碩学W・E・B・デュボイス※07は、大西洋奴隷貿易の歴史とその撤廃が、現代にもまた民主的自由という概念をもたらすだろうという希望をもっていた。それはそれぞれで多様だけれども、アテネからもエルサレムからも、スパルタからもプロシアからも生まれる何ものとも同様に根源的で、複雑で、圧倒的なものである。サルヴァドール、ボルチモア、ニューオーリンズ、ハバナ、ニューヨーク、キングストン、ロンドン、そしてポルトープランスなどでは、そのような際立った自由という観念が培養され、そして伝播した。それらの港湾都市で企図された解放のプロジェクトは、やがて世界中に広まっていった。それは貿易活動の経路に沿って運ばれた。次第に自覚的な文化となり、また別の新たな媒介によって、この惑星上をさらに行き来したのである。その新たな媒介とは、拡張する黒い大西洋を往来する技術、テクスト、サウンド、そして人物たちである。その拡張はアメリカナイゼーションの過程のような負のグローバリゼーションではない。しばしば、そうした異議申し立てを行う近代の対抗文化は、コミュニケーションを言葉が伝えることのできる何か以上のものにする音楽的な声を獲得し、そうすることで新たな哲学的美学的問題を提示した。制度化された不自由に対する特定の反応が、二十世紀へと続く自由の文化と苦難の普遍的言語を創り出し、それを世界中に広めたのである。

この無視されてきた歴史は、疎外という効果に関して、今われわれが手にしているものよりもはるかに深遠で豊かな提言をしてくれる。それは、認知、すなわち思考することが、懐疑や方法、そして安定した存在への特別な扉ではなく、非‐在という脆弱性への近道であった場所で、人間ではなくモノとしてあり、死を目前にして読み書きから隔てられた客体性の経験の奥底から分節化された、自由の文化なのだということだ。この歴史は、例えばこのように宣言する。「我思う、ゆえに我なし」と。それは、いまや人権という観念における人間を道徳的に具体化しなくてはならないとわれわれ自身に考えさせるために利用可能な、解釈的、倫理的資源を提供できるのである。人間性が再び説得力を得るためには、それが冷戦期の自由主義や、より最近では好戦的人間中心主義によって与えられた、気の抜けた、人種主義に甘い主張とはたやすく区別されるような、新しい内容が授けられなければならない。港湾都市の社会生活の特性であったヴァナキュラーでコスモポリタンな伝統からこそ、そのような喫緊の救済事業がもっとも適切に始められるだろう。

## コンヴィヴィアリティのために

文明主義的思考が新たに支配的になると、「最小限の介入」★15の下での「ポストモダン」で「自発的な」形態において、植民地支配の復活だけがもたらすことのできる高度な安全保障を一見必要としているような統治策の一部として公然と再構築されうる、帝国的支配の正統な復興を求める論調に同調するよう要求されてしまう。私自身の出身国であるイギリスにおいても同様に、文化的ではなく経済的文脈で特定するほうがはるかに簡単に見える自らの国民的遺産の特質について、多くの国民が方向性を見失い混乱しているときに、文化的次元が引き合いに出されるのである。

特にイスラム主義にではなく、むしろ往々にしてイスラム教徒に対して向けられることの多い文化危機の感覚は、このような警戒すべき変化を考える端緒となる。冒頭で述べたように、いまや望まれない多元性と文化的多様性を総称するフレーズとして機能している言葉である「多文化主義」の明らかな失敗がその論拠とされる。いまや多様性とは、単に喪失、危険、

★15 Robert Cooper, "The Next Empire", *Prospect*, October, 2001.

弱さを意味するにすぎない。多文化が混沌と無秩序のイメージを呼び起こす一方、文化は同質性、安定、「同じである」ことを共示する。こうした要素の組み合わせは、しだいにわれわれの対話に圧力をかけてくる。警戒しなければならないのは、われわれの対話自体が、文化的同質性から生まれることになっている恩恵についての国民性を志向するような絵空事を交換するだけになりかねないということだ。

いまや混ざり物のない同質性という観念を怪しげにも呼び起こすことは、しばしば人種的単一性と国民的超同質性を求める不健全な欲望を含意してしまうことに気づくべきである。文化についての昨今の議論にとってよりよい帰結は、民族的な満場一致や国民的連続性ではなく、際限のない好奇心を求め続けることを肯定することだ。そういう立場から、他性との邂逅が恐怖と不安以上のものになるかもしれないからである。

文化と文明をめぐるこうした議論は、いまどき果たして誰が「西洋人」として数え上げられ、今日の不安定で流動的な情勢の中で、その属性が何を伴うようになっているのかということを見定める必要性によって推進されるものである。われわれは誰であるか、何になるべきかを発見するために、読み、書き、議論するのではなく、国民国家への帰属のための前提条件として、また「西洋人」としての属性の歴史的な対照物であったはかない普遍性を追及するための出発点として、固定されたアイデンティティを作り上げ強要することをわれわれは求められてきた。同じように、人間性における「人間」とはいかにして維持されるのか、それは人権と人間中心主義の言説における人間という形象に一致するのかどうかということもまた、先延ばしにされていることに気をつけなければならない。

解決されていない植民地主義の過去は、文明主義が設ける文化の境界線の両側に介入し、現在の政治状況をさらに困難で手におえないものにしている。ただ単に人種階層によって作られた問題を可視化するための方法を設ければ、世を去った植民地権力が残したものに遅ればせながらも対処したことになる、とはならない。それ以上に、そのような難しい問題を文化の公式の領域から救い出し、政治世界の内部に位置づけなければならないのである。ポストコロニアルの少数者たちが特別扱いを求めているのは不当だという論調は、彼ら／彼女らの主張が、連動的な経済的要素に基づく植民地と宗主国の首都の間にある、ただの偶発的な結合以上の何かを認める歴史的文脈において考察されたならば、それほどもっともらしくは聞こえなくなる。民主主義自体も、植民地的な政治術におけるその質的低下と棚上げの歴史に直面することによって、より豊かになるかもしれないのだ。

帝国主義と植民地主義の過去とのはるかに健康な関係と、いくつかのポストコロニアルな場所で展開され、弁護すべき価値のある「多文化」の活性力と持続力との間には関連性があるということを、私は強調したい。消滅した帝国主義と植民地主義の段階の経済的、政治的、文化的帰結がほとんどの場所で強情なほどに否定されているとしても、それに対処する作業のための戦略は国によって異なるだろう。

コンヴィヴィアリティとコスモポリタニズムの標準的な担い手は、何百年もの間、ヨーロッパによる植民地の人々との犯罪的な出会いがもたらす道徳的政治的コストに対する特筆すべき批判者たちだった。それに連なる伝統は、人種階層によって資格付けされない尊厳を与えられ、そして歓待の庇護の下に置かれる見知らぬもの、異国人、異郷人が人間として承認されうるという、いまどき流行らないだろう可能性を認めるものである。今日、そうした伝統を適切な歴史的背景の中において見つめることによって、いかに見込みがなくとも、その伝統を再生させる試みに取りかからねばならない。しかしわれわれはまたさらに、もう一つ別の古いテーマによって明らかにされる現代の窮状を理解しようとしなければならない。われわれ自身の出生地の文化から体系的に離脱する実践に新たな妥当性を与え、それに新たな価値を発見しなければならないのである。フロイトがこのような立ち位置をコスモポリタンな幻滅として顕在化させる以前、それは芸術と人類学の関心の交差点で立ち現れており、愛国主義と連帯、そして人間と市民とのふさわしい関係についての国民国家的な理解を複雑化させながら、国民国家が承認する秩序を転覆させていた。いまやこのようなものの見方や行動の仕方によってわれわれは、単一の財産としてではなく多元的実践として、また瀕死の状態にある対象ではなく生き生きとした出来事として、文化のよりよい意味にたどり着くことができる。

マルティニーク生まれの革命家であるフランツ・ファノン[※08]が反ナチスの戦闘的道徳を反植民地闘争に適用していたことは、植民地社会に関する彼の依然として強烈な見解と、植民地を転覆しようとあちこちで起こった抵抗運動への肯定的見解に比べて思い出されることは少ないかもしれない。ただ、ファノンが闘士であったと同時に癒しの人であったこともおそらく思い出していいだろう。彼の洞察によって、われわれの住む都市が植民地状況に固有の隔離政策を取っていることや、植民地の実験室から応用された陰鬱な技術革新が、復活しつつある帝国主義的な過剰開発という重厚な壁だらけの砦の背後にある生活に再び導入されていることがわかるだろう。

ファノンはカリブのフランス植民地が提供しうる最上の教育を受けていた。彼は後に第二次大戦で叙勲された退役軍人として、植民地状況においては近代の失敗が特殊で破壊的かつ有害な形で現れたと述べている。すでに不正義なこの世界は、「人種」が象徴的に示すマニ教的分断に絶対的に依存することによって、さらなる腐敗にさらされた。その結果訪れた暴力的状況は、政治を不可能にしただけでなく、その犠牲者のみならず恩恵を受けている人間にとっても心理的かつ経験的に有害だった。それは植民者も原住民も疎外し、拷問にかけられるものもかけるものにもダメージを与えた。ファノンは、そのような双方の集団によって経験されたさまざまな形態の人間的障害は、複雑ではあるが補足的だったといえるのではないかと考えた。

ファノンの苦痛に満ちた洞察はここで有益である。なぜなら彼は、植民地の静態的な社会秩序は、堅固かつ包括的に区画化されていると主張したからである。

……この区画化の体制を綿密に調べてみれば、少なくともそれが含意する力の流れを明らかにすることはできるだろう。……植民地世界は二つに分断されている。その分断線、つまり境界は兵舎や警察署によって示されている。……警察官や兵士は公式に制度化された仲介者である。[16]

この反体制的精神科医は、植民地都市における権力の法と空間との関係についての核心を明確化してこう結ぶ。「二つに分断されたこの世界は二つの異なる種によって住まわれている」。

このような分断に関する見解が、文明の衝突という考えを認めるものではないということは強調に値する。この抗争において拮抗している力は単に、同じ本質的要素や愛着の異なるヴァージョンというだけではない。そこでの抗争は非対称である。分断線は直線ではない。権力はさまざまな規模で配置を変えながら流れていく。常に暴力によって刻まれる分断は、その致命的な線を引くために文化を生産する怪しげな文明を貫いて――またその文明の間を――動き回る。

安全優先主義と情報戦争は、この動きを終わりなき戦いにしてしまった。植民地政府と移民法は、合法の名の下に合法性を中断し、例外的だと思われている決定を下すためのそもそもの道具箱を提供した。囚人たちが引き入れられたときにこそ本当のドラマが始まるのであり、彼らの根本的な脆弱さは、分断線のこちら側で見いだされる文明の信頼性を試しているように見えるのである。

---

★16　Frantz Fanon, *Wretched of The Earth*, trans. Constance Farrington, London: Penguin books, 1967, p.29.（フランツ・ファノン、『地に呪われたるもの』、鈴木道彦・浦野衣子訳、みすずライブラリー、1996 年）

## 人名・用語

※01 マフムード・マムダーニ……Mahmood Mamdani（一九四七～）。ウガンダ生まれ、コロンビア大学教授。著書に『アメリカン・ジハード』、『権利トークと文化トークを超えて』などがある。

※02 コンヴィヴィアリティ……ここでギルロイは、カトリック神父にて文明批評家イヴァン・イリイチ（一九二六～二〇〇二）の思想の根底にある概念に依拠している。イリイチの主著の一つ『シャドウ・ワーク――生活のあり方を問う』（玉野井芳郎・栗原彬訳、岩波現代文庫、二〇〇六）では「ともに歓びを持って生きること」と訳されている。ギルロイはこの言葉に、ポストコロニアル・メランコリアを打開するための陽気さと共同性の結合を期待している。

※03 方法論的ナショナリズム……特定の国家とその社会および国民との照応関係を自然とみなし、移民研究やグローバル文化研究の分析単位として前提視する考え方。

※04 ビヒモスとリヴァイアサン……ビヒモスは大地を、リヴァイアサンは海洋を支配する、旧約聖書に出てくる怪物の名。

※05 C・L・R・ジェイムズ……C.L.R. James（一九〇一～一九八九）。トリニダード生まれのジャーナリスト、教師、作家、マルクス主義思想家、クリケット批評家。主著『ブラック・ジャコバン』『境界線を越えて』など。

※06 オローダ・エキアーノ……Olaudah Equiano（一七四五～一七九七）。またの名をGustavus Vassa。現在のナイジェリアに生まれ、最初は奴隷として大西洋を幾度も航海。後にイギリスにおける奴隷制廃止運動のために尽力。

※07 W・E・B・デュボイス……W.E.B. DuBois（一八六八～一九六三）。アメリカの社会学者、思想家、反人種差別活動家、汎アフリカ主義者。主著に『黒人のたましい』『フィラデルフィア・ニグロ』など。一九三六年に来日している。

※08 フランツ・ファノン……Frantz Fanon（一九二五～一九六一）。仏領マルティニーク生まれ。精神科医、反植民

地主義理論家。主著に『黒い皮膚、白い仮面』『地に呪われたるもの』など。

# オリエンタリズムと知識人の位相
## ——文化研究と批評理論の壁は崩壊したか

本橋　哲也

現在のわが国における左翼知識人の最大の課題が、社会全般にわたるネオリベラルな支配による経済的格差の広がりに対してどのように有効な対抗策を打ちだすのか、という世界の他地域にも共通するグローバルな問いであることは疑いないだろう。とくに知識人にとって火急の問題は、新自由主義、新保守主義、文明主義のようにグローバルな規模で私たちの身体と心性を囲繞するイデオロギーの成功に関して、いわゆる「勝ち組」である人びとの資本力の強大さのような経済的要因や、既得権層への仲間入りを目指す人びとに対する社会的呪縛力といった歴史的要因だけでなく、そのような要因を冷静に分析する知性の衰退にどう対処するかという文化的問いである。現実にはそのようなイデオロギーによってもっとも痛手をこうむるはずの人びとがそれを支持してしまうという歪んだ文化の下部構造に、反知性主義という知識人バッシングの風潮があり、日本におけるその一つの典型が「理論」に対する根強い拒否反応なのではないか。

この報告では、大学ないしは学問という制度のなかにおける知識人のありかたに焦点をおく。ポール・ギルロイは『ユニオン・ジャックに黒はない』から『ブラック・アトランティック』にいたる著作のなかで、黒人音楽という文化の形象の混交した歴史を探求することで、西洋的な知に学び伝授するという制度としての知識のあり方に対する根本的なオルタナティヴ＝alter‐native＝原初への変革を試みた。それは現在でも、たとえばヒップ・ホップ文化やアナーキズムのなかに脈打つ（非‐）知の伝統だろう。しかし現在のようなネオリベラルなグローバリゼーション支配下では、大学のような制度に代わる知識のあり方を探索すると同時に、制度内の知と制度外の知との協働を模索することが重要なのではないだろうか。それはとくに日本のようなカルチュラル・スタディーズやポストコロニアリズムがまだ制度的にも文化的にも定着したとは言いがたい圏域のなかで、暫定的な課題としてますます歴史的な検証を迫られているように思われる。

この報告は三部からなる。まず、私自身のような「文学研究者」の立場から見た日本語圏における「理論」とカルチュラル・スタディーズの導入状況について概観する。つぎに、現在の日本でもアカデミズムのなかで定着したように思われながら、市民権を得たとはとうてい言いがたく、日本の脱植民地化にほとんど貢献できていないと思われるポストコロニアリズムのひとつの原点とされるエドワード・サイードの著書『オリエンタリズム』[※01]に対する批判を検討することによって、批評意識と知識人のありようを再考する。そのうえでサイード自身の知識人論を、ジュディス・バトラー[※02]とガヤトリ・スピヴァク[※03]による議論を参照しながら、カルチュラル・スタディーズがはらむ現状変革の可能性のなかで考えてみたいと思う。

## 日本におけるカルチュラル・スタディーズの受容

日本の研究や教育において「文学研究」が「文化研究」に傾きつつあることは否定できない事実であり、公的な場で自らの学問的アイデンティティを「文学研究者」と名乗る人の数はますます少なくなっている。もちろんそこには大学や教育機関における「文学部」

の再編や数の減少も少なからず影響していることだろう。日本の文学研究は一九八〇年代以降、批評理論の介入を劇的な形でこうむってきたが、その大きな要因のひとつは、新歴史主義にしろ、フェミニズムにしろ、ポストコロニアリズムにしろ、その英米における主要な理論家たちがいずれも文学研究から出発した者たちだったことに求められるだろう。一九七八年に出版されたエドワード・サイードの『オリエンタリズム』を例に挙げるまでもなく、彼ら彼女らの多くは英国に起源を持つ教育機関で研鑽を積みながら、その多くがディアスポラ状況を自ら選択することによって、英文学研究から出発した自らの研究的出自を自己反省する形で、研究対象・国家・言語・歴史など何重もの脱領域的な研究を文学研究で培った精密なテクスト分析の手法を駆使することで成し遂げていった。そこから国民国家分析、反植民地主義、ジェンダー・セクシュアリティへの注目、グローバリゼーション批判といった、現代に連なる政治的・経済的課題が文学研究の無視できない主題としても浮上してきた。そのような海外の動向はむろん日本語圏に在住する多くの文学研究者にとっても視野の拡張をもたらす出来事であったから、そこにある意味で膨大な可能性を持つ、出版、学会、教育にまたがる領野がひらけてもきたのである。

同時に一九八〇年代は、現在ますますその効果が如実に現れつつあるグローバルな政治経済的編成におけるネオリベラリズム体制が、日本でも進行し始めた時代であった。ネオリベラリズムがもっとも影響を及ぼすのが、経済、自然環境、教育という三つの分野であるとするなら、日本においてもそれは、規制緩和や労働形態の再編による貧富の差の拡大、資本の集約的投下による自然環境の急激な悪化、そして公教育の劣化、さらには中産階級の没落による教養や人文学の周縁化という形で進行した。とくにそれは、本を読まない、読むための時間的経済的余裕のない若年労働者の急激な増加にともなって、ボディブローのようにこの国の文化生活の根幹を脅かしてきたのである。しかし、そのようなネオリベラルな「改革」が大学や研究機関において大学の学部再編成や独立行政法人化といったかたちで顕在化してきたのは、二〇〇〇年以降のことである。ここでの一つの避けられない問いは、一九八〇年代以降の批評理論の輸入と、二〇〇〇年代の文学研究の制度的衰退とのあいだの時間的ずれをどう考えるかということだろう。端的に言えば、私たち文学研究者は「理論」の脱領域的可能性に興奮するあまり、足元で進行するネオリベラルな研究と教育の再編成の力学に目と耳をふさいではこなかったろうか?

ここで当然重要なのは、日本におけるカルチュラル・スタディーズの受容を検証することだ。この国のカルチュラル・スタディーズは、一方において英国におけるスチュアート・ホールらの研究・教育活動から学ぶことによって、他方において一九五〇年代から積み上げられてきた日本独自の民俗学・人類学・歴史学の進展、たとえば『思想の科学』によった鶴見俊輔らの活動、花崎皋平、上野英信、森崎和江らの「民衆的な」実践、鶴見良行らの東南アジア研究などによって、多くの成果を挙げてきた。そのふたつの潮流を結ぼうとする画期的な出来事が、東京でホールや花崎らを招いて一九九六年春に開かれた大規模なシンポジウムとワークショップであった。[★01] そこから日本自身の植民地主義への反省や、排他的な民族的アイデンティティに対する批判、情報産業社会におけるコミュニケーションの力学の探求など、これまでさまざまな学問専門領域に分断されていたように見える知が「カルチュラル・スタディーズ」という批判的な方法意識によって統合され、あらたな発展の可能性を孕んだ研究として発現してきた。しかしとくに英米の批評理論を「輸入」しようとした文学研究者のなかで、ホールらのカルチュラル・スタディーズの実践がサッチャリズムというネオリベラリズムの先鞭をつけたイデオロギーに対する対抗であったことを明確に理解し、それを日本における中曽根臨調や経団連の規制緩和政策につづく「新自由主義改革」の文脈で理解しようとした者がどれだけあったろうか？　そのような理解の希薄さのなかで、現実は「文学研究から文化研究への移行における失われた十年」と呼べるほど冷厳に進行した。一九八〇年代における批評理論の輸入、一九九〇年代におけるカルチュラル・スタディーズの導入、二〇〇〇年代における大学研究機関のネオリベラルな改革。きわめて大雑把だが、このように日本における批評理論とカルチュラル・スタディーズ、およびネオリベラリズムとの関係を時間軸に沿って整理するとき、そこにはどうしても、カルチュラル・スタディーズが本来持っているはずの現状変革の可能性がいまだ展開されていない、この国の知の状況が浮かび上がってこざるを得ない。私自身の身近な文学研究の分野では、一九八〇年代後半から批評理論の領有に熱心な者たちが、「伝統的な文学研究」に固執する者たちを「守旧派、抵抗勢力」とみなし、擬似的な世代間闘争の盛り上がりのなかで、学会や研究誌ではそれなりの成果を伴う議論の活況もあり、海外の大学で「理論」の洗礼を受けてPh．Dの学位を取得して帰ってくる日本人研究者が急増していく。しかしその一方で日本の大学における文学専攻への志望者は減りつづけ、「聖域」と見なされていたはずの大学にも経済効率に基づくネオリベラルな改革の猛威が襲ったのが二〇〇〇年以降だったのである。こうして「文学研究」の窮状がまったく改善の見通しもないまま居座るこ

★01　花田達郎・吉見俊哉・コリン・スパークス編、『カルチュラル・スタディーズとの対話』、新曜社、1999年。

とになり、次々とさまざまな大学で文学部が廃止・縮小されるとともに、その代替策としてカルチュラル・スタディーズも（「異文化交流」とか「英米文化論」「コミュニケーション研究」などといった名称のもとに）一見定着したかのように講座や科目として設置されるようになってくる。しかしそこでのカルチュラル・スタディーズは、既存の学問専門領域の閉鎖性や、ナショナルな言語や歴史の限界、正典的権威の見直しといったさまざまな混交的・脱領域的な契機をすでに脱色され、批評意識の欠如によって特徴づけられる知性主義への逃避に陥ってはいないだろうか。

なぜ英米の大学におけるカルチュラル・スタディーズの動向に敏感だった私たち文学研究者が、その根本にあったはずのネオリベラリズムに対する抵抗という契機を自らの足元で作り出すことができなかったのか？　そこにもし伝統的な文学研究における「政治性」の抑圧ないしはそれに対する無関心という要因があったとするなら、現在のような大学におけるネオリベラルな改革の最盛期において、どのようなかたちで私たち研究者は世代と専門領域の枠を超えて反ネオリベラリズムの旗の下に結集できるのか？　もちろんそれは保守か革新か、研究か教育か、文学か文化か、マクロな構造の探求かミクロなテクスト分析か、といった二者択一で測られるほど到底単純ではない。

ここではこの問題になるべく具体的な形で対処するために、まず「文学研究の政治性」をめぐる研究のひとつの嚆矢となったエドワード・サイードの『オリエンタリズム』に対する批判を検討してみたい。

## 『オリエンタリズム』とそれに対する批判

一九八七年に出版されたサイードの『オリエンタリズム』が賛否両論とりまぜてアカデミズム内外で多くの反響を巻き起こしたのは、サイードがオリエンタリズムを「西洋」による「東洋」に恣意的な言説表象の総体として暴き出したからだけではない。植民地主義による文化的支配への批判は、植民地主義とおなじくらい古いものであろうし、とくに二十世紀の脱植民地化の時代には、ファノン、セゼール、パニッカル、ラスキンといった西洋植民地主義批判の書物が陸続と登場する。[※05] [★02] またオリエンタリズムそのものに標的を絞った批判も、サイード以前、あるいは同時期にたとえば、アブデル＝マレク、ティバーウィ、ターナーらによって行われてきた。[★03] しかし、こうしたなかでサイードの『オリエンタリズム』が、ときにポストコロニアリズムやカルチュラル・スタディーズの扉を開いたとされるほどアカデミックな制度内で絶大な影響力を持ったのは、それが現代世界における理論と学問領域との関係、および知識人のあり方に対して根底的な問いを発したからである。

このサイードの書物に対する批判は多岐にわたるが、二つに大別すれば、サイードの理論的立場、すなわち言説による社会実践が権力関係を制度的かつ歴史的に構築するというフーコー的なテーゼそのものを拒否するか、それともそれを受け入れたうえでサイードの方法論の諸側面を批判するかということになろう。★04 まず前者のなかで代表的な論者として、バーナード・ルイスとジョン・マッケンジーの議論の概略をまとめておこう。

ルイスの議論は伝統的なオリエンタリストによるサイードへの反発を示したものとして典型的なものといえよう。まずルイスは、オリエントの地域やオリエンタリストの判別に関するサイードの選択の恣意性を非難する。ルイスによれば、サイードの呼ぶオリエントは中東の狭い地域に限られ、トルコやペルシャ、ユダヤが除かれ、英国とフランスの帝国主義とオリエンタリズムとが同一視されて、ドイツ、オーストリアやロシアのオリエンタリズムが除外されているだけでなく、アンリ・コルバン、エドワード・レーンら多くの重要なオリエント学者の業績が無視される一方で、シャトーブリアンやネルヴァル、クローマー卿といったオリエンタリズムとは関係のない著者や政治家がオリエンタリストとして批判されている。全体としてサイードの著作はオリエンタリストの企図を敵視するあまり、歴史的事実に反する恣意的な解釈に満ちているというのだ。その原因として、ルイスはサイードがレイモンド・シュワブの『オリエント・ルネサンス』というイギリスとフランスによるインドの発見について述べた著作に多くを負っていることを挙げ、[★05]ヨーロッパにおけるインド研究の進展が帝国主義の進捗と踵を接しているのに対して、イスラーム世界への西洋の関心はヨーロッパがサラセンやトルコの勢力拡張に脅かされていた中世にはじまる、という歴史的差異を指摘する。ここに見られるのは、言説としてのオリエンタリズムが、中世以降現

★02 Franz Fanon, *Peau Noire, Masques Blancs*, Paris: Edition du Seuil, 1952.（フランツ・ファノン、『黒い皮膚、白い仮面』、海老坂武訳、みすず書房、1998年）; Aimé Césaire, *Discours sur le colonialisme*, Présence africaine, 1955.（エメ・セゼール、『帰郷ノート／植民地主義論』、砂野幸稔訳、平凡社ライブラリー、2004年）; K.M.Pannikkar, *Asia and Western Dominance: A Survey of the Vasco Da Gama Epoch of Asian History, 1498-1945*, London: George Allen and Unwin, 1959.（K・M・パニッカル、『西洋の支配とアジア—— 1498-1945』、左久梓訳、藤原書店、2000年）; Jonah Raskin, *The Mythology of Imperialism: Rudyard Kipling, Joseph Conrad, E.M. Foster, D.H. Lawrence, and Joyce Cary*, New York: Random House, 1971.

★03 Anouar Abdel-Malek, "Orientalism in Crisis", *Diogenes*, 44, Winter, 1963, pp.103-40; A. L. Tibawi, "English-speaking Orientalists", *Islamic Quarterly*, 8, 1-4, 1964, pp.25-44 and 73-88; A. L. Tibawi, "Second Critique of the English-speaking Orientalists", *Islamic Quarterly*, 23, 1, 1979, pp.3-54; Bryan S. Turner, *Marx and the End of Orientalism*, London: George Allen and Unwin, 1978.

在にいたるまでヨーロッパでキリスト教に対抗するイスラームへの恐怖の表明として綿々と受け継がれてきたことを主張するサイードの、言説編成による権力構造の維持というテーゼと、歴史を事例によって分断しながら「事実」の集積として整序しようとするルイスの方法的意識との衝突である。サイードによれば、オリエンタリストもたとえ学問的中立性を標榜しようとも、そのような言説編成のエージェントとして、言表による言説的実践と可視的な非言説的実践との組み合わせによる権力と知との結びつきを生産せざるを得ない。一方ルイスはそれに対して、サイードがオリエンタリズムという本来学問的な議論を帝国主義という政治の問題にすりかえていると非難して譲らない。つまりルイスは、サイードが帝国主義によってオリエンタリズムが促進されたと主張していると示唆するのだが、彼にとってもっとも受け入れがたいのは、ヨーロッパ的他者想像力の根底にある自己中心主義的な発想の言説的表明としてのオリエンタリズムこそが、近代においては帝国主義を促進したというサイードの議論の核心なのだ。

この言説実践による権力と知の接合をめぐる省察と、伝統的な歴史の書記作用との対立という論点をさらに精緻な形で示しているのが、十九世紀の帝国主義を研究する歴史家であるジョン・マッケンジーによるサイード批判である。帝国主義文化そのものの不安定性や多様性、他者への混交性を強調するマッケンジーは、サイードが西洋文化を一元的なステレオタイプとして描きすぎていると批判する。マッケンジーにとって理解しがたいのは、サイードが人文学的伝統のなかで仕事をしながらもその欠陥を暴きだそうとし、マルクス主義の用語を使いながらもその伝統を拒絶するような矛盾した姿勢をとっているように見えることである。理論的統合をめざすサイードの頭脳が、理論化を拒否して多形性を

★04 前者として代表的なものは、C. F. Beckingham, "Review of Orientalism", *Bulletin of the School of Oriental and African Studies*, 42, 1979, pp.38-40; Robert Irwin, *For Lust of Knowing: The Orientalists and their Enemies*, London: Allen Lane, 2006; David Kopf, "Hermeneutics versus History", *Journal of Asian Studies*, 39, 3, 1980, pp.495-506; Bernard Lewis, "The Question of Orientalism", *New York Review of Books*, 24 June 1982; also published in revised version in Bernard Lewis, *Islam and the West*, Oxford: Oxford University Press, 1993; John M. MacKenzie, "Edward Said and the Historians", *Nineteenth-Century Contexts*, 18, 1994, pp.9-25; John M. MacKenzie, *Orientalism: History, Theory and the Arts*, Manchester: Manchester University Press, 1995.（ジョン・M・マッケンジー、『大英帝国のオリエンタリズム：歴史・理論・諸芸術』、平田雅博訳、ミネルヴァ書房、2001）; Michael Richardson, "Enough Said", *Anthropology Today*, 6,4,1990, pp.16-19.

後者にはAijaz Ahmad, "Between Orientalism and Historicism", *Studies in History*, 7, 1, new series, 1991, pp.135-163; later expanded in "Orientalism and After", in *In Theory: Classes, Nations, Literatures*, London: Verso, 1992, pp.159-220; James Clifford, "On Orientalism", in *The Predicament of Culture*, Harvard University Press, 1988, pp.255-276.（ジェイムズ・クリフォード、『文化の窮状：二十世紀の民族誌、文学、芸術』、太田好信ほか訳、人文書院、2003）; Fred Halliday, "Orientalism and its Critics", *British Journal of Middle Eastern Studies*, 20, 2, 1993, pp.145-163; Sadiq Jalal al-Azm, "Orientalism and orientalism in Reverse", *Khamsin*, 8, 1981, pp.5-26. などが含まれる。

★05 Raymond Schwab, *La Renaissance orientale*, Paris: Editions Payot, 1950.

のぞむ心と争っているのではないか、というのだ。その結果として、マッケンジーによればサイードは、現在の価値観から過去の出来事を倫理的に判断し、意図と結果を混同するという歴史家がけっして犯してはならないとされる罠に陥っているという。だがこうした議論には当然、現在の解釈と過去の事実、あるいは主観的意図と客観的結果とを歴史家ならば区別しうるという前提が必要なのではないか、という反論が可能だろう。歴史家だけが自らのアイデンティティや視点の偏向を棚上げにして、自由な主体として振舞うことができるのか。だからこそサイードはそのような主体性と文脈、意図と行為との間の矛盾に身を置き続けようとしたのではなかったか。よってサイードにとっては「非歴史的」テクストである文学こそが歴史そのものとは言えないまでも過去の文化的構造を照らし出す想像力の精華と見なされるのであり、そのことが歴史的事実によって文学や文化を説明しようとする歴史家にとっては我慢がならないのである。ここでの問題は、どのようなイデオロギーや信念を研究者が持っているかとか（保守的か革新的か、ｅｔｃ）、相対主義か絶対主義か、解釈か現実かではなく、人文学の内部における知の権力構造にあるのだ。

ここでサイードのフーコー的な議論の枠組みをいったん受け入れたうえで、マルクス主義的な立場からの批判を行うエイジャズ・アフマドの批判にも言及しておこう。アフマドは、サイードがアウエルバッハ[※06]的なヒューマニズムの伝統とフーコー的な言説分析との板ばさみになって、一方で古代ギリシャ以来のヨーロッパによる他者表象の流れを追いながら、他方でフーコーのマッピングにしたがってオリエンタリズムを十八世紀からたどるという矛盾を抱えていると指摘する。アフマドによれば、サイードは客観的な経験を表象というテクスト的概念に還元してしまうので、オリエンタリスト的言説が効果を発揮する経済的・政治的・軍事的条件の分析がなおざりになり、それゆえ、たとえば十九世紀のインドや南アメリカにおける植民地主義的な文化的支配に対する抵抗運動も視野に入ってこなくなると言う。ここでも問題は、サイードがオリエントを実在としてとらえる伝統的な学問と言説の表象的効果とする矛盾に引き裂かれていることにある。

サイードの『オリエンタリズム』が提起した問題は、オリエンタリズムの正確な定義や、反帝国主義的な歴史研究や文学批評の可能性をこえて、知と権力が人文学という制度のなかで、どのような形で交渉可能なのかという、私たち知識人にとって火急の課題として考察され続けなくてはならない。そのときふたたび浮上するのが、「理論」を学問制度のなかで、どのように位置づけるかという問いである。

## 批評理論と知識人の位相

サイードはその自伝を *Out of Place*、すなわち「場違い」な人生と名づけている。これはサイードが『知識人とは何か』のなかで特徴づけたいくつかの知識人の特質に適合する。すなわち不平等な現実に対してはつねに異議申し立てを行い、多数派の常識に疑いを抱くような世俗的な普遍性。どんな問題にたいしても対抗的、闘争的であろうとするような批判的な政治性。習慣的に権威づけられた中核的な知識に安住するのではなく、新しい場所や新しい出会いを求める移動的周縁性。以上のような点がその特徴として挙げられている。こうした自分を常に場違いな存在として意識するという知識人のあり方は、現在のネオリベラリズム下の制度的知識の現状において、どのような意味を持ちうるだろうか。

サイードは『世界・テキスト・批評家』におさめられた「旅する理論」で理論と実践との関係について次のような問いを発していた。

特定の歴史状況の結果として、そうした状況にふさわしい理論なり思想なりが立ちあげられる。とすれば、違う状況や異なる理由で理論や思想がふたたび使われたときには、さらにもう一度異なった状況で使われたときにはどうなるのか？　このことは、理論それ自体について、その限界や可能性、そこに内在する問題についてどんなことを私たちに教えてくれるだろうか？　また、一方で理論と批評との関係、他方で社会と文化との関係について、何を示唆するだろうか？[★06]

こうした問いに対してサイードは、「理論」を「無限に悪循環する主体」のようなものとしてしまわないために、それを具体的状況に位置づけることが必要であり、それが批評的意識の役割なのだという。

理論を批評的意識から区別すべきだ。つまり批評的意識とは、ある種の空間的感覚として、理論を具体的状況に位置づける計測能力のようなものである。理論はそれが生まれた時間と場所において捉えられるべきもので、すなわち時代の一部である。理論は時代のなかで、時代のために、時代に応答することで生きる。その結果、理論を生んだ最初の場所を検証するためには、理論がそ

★06　Edward Said, *The World, the Text, and the Critic*, London: Faber and Faber, 1984, p.230.（エドワード・W. サイード、『世界・テキスト・批評家』、山形和美訳、法政大学出版局、1995）

の次に使われていった場所との比較が必要になる。つまりここで言う批評的意識とは、諸状況のあいだの差異を認識する能力のことである。どんなシステムや理論も、それを生み、それが移し変えられた状況を汲みつくしてしまうことはできないという事実に、いかに気づくかが批評的意識の鍵となるのだ。★07

なぜ、サイードの『オリエンタリズム』が「歴史的事実」や批評対象の恣意的な選択という歴史家からの反発、あるいは理論的立場の混在という批判をのりこえて、その後のポストコロニアリズムやカルチュラル・スタディーズの隆盛におけるひとつの画期的な仕事と見なされてきたのか。それは端的に言って、この著作がフーコー的な言説理論を、サイード自身がポストコロニアルなディアスポラ状況のなかで「時代と場所」に応答する批評的意識によって発現させたからにほかならない。あらゆる理論は文化的翻訳の可能性を条件として、批判の名に値する位置を獲得することができる。ということは、かりにサイードの『オリエンタリズム』が開いた理論の可能性をポストコロニアリズムと名づけるとすれば、今日の私たちは一方でそれを旧来の学問領域の専門性の内部から非難する愚をおかすべきではないし、また他方で今日のネオリベラリズムによる植民地主義の継続と強化という状況で、この理論にどのような文化的翻訳の可能性があるかを問い続けるべきではないだろうか。

ここで最後に、知識における「理論」の位置ということをめぐる、ジュディス・バトラーとガヤトリ・スピヴァクの思考を参照してみたい。

ジュディス・バトラーは『ジェンダー・トラブル』の十周年記念版に付された序文で、理論とは文化の具体的な側面でしか有効性をもたず、理論と現実、言説と歴史というのはまやかしの二項対立にすぎないのであって、必要なのは「文化翻訳」の立場であると述べる。

新しい理論的立場が登場するが、それは必然的に純粋ではなく、まさに文化翻訳という出来事のなかに、出来事として現れてくる。これは歴史主義によって理論を放逐してしまうことでもなく、また単に理論を歴史化してもっと一般化しうる主張のなかにも偶発的な限界があることを明らかにすることでもない。むしろ理論が現れる場とは、文化的な地平が交わる場所、翻訳が激しく要求されていながら、それがうまくいく見込みが定かで

★07 Ibid., 241-242.

はないような場所なのだ。[★08]

文化翻訳という一回性の出来事のなかにこそ、理論が実践として有効性を発揮する。たとえば、バトラーのキータームの一つであるパフォーマティヴィティ[※07]についても、それを個人の意志に基づく自由な行為として理解されがちなパフォーマンスと混同してはならないとバトラーは言ってきたが、ここでも、パフォーマティヴィティが集合的・文化的・伝統的な反復行為として定位され、歴史的な時間軸のなかに位置づけられている。すなわち、「パフォーマティヴィティとは個別の行為ではなく、反復や儀礼であって、そのような行動は、身体という文脈のなかでその行為を自然化することによって効果が得られるものであり、ある部分文化的に維持されている時間的持続としてとらえられているものである」[★09]。このようなバトラーのいわば文化翻訳的転回によって重視されてくるのが、これまでバトラーのなかでは排他的な規範として退けられてきたかに見える「普遍性」の再評価という観点だ。バトラーは、普遍性を「非実体的で非限定的《オープンエンディット》なカテゴリーとしての重大な戦略的用途がある」と見なし、「文化翻訳という未来志向の作業」を通して普遍性を論じることで「まだ存在していない現実を呼び起こし、まだ遭遇していない文化的地平へと焦点が合う可能性」を提示できるのではないかと述べる。[★10] むろんそれは、ジェンダーやセクシュアリティをめぐる支配的な規範を容認することでもなく、パフォーマティヴィティの理論的破砕力を放棄することでもなくて、このような理論的契機を人間的な生や人類一般にまで射程を広げて、その広範な社会的・政治的力学のなかで、「普遍性」という概念を再考しようということであり、九・一一以降の世界に跳梁する「反知性主義」に抗して、理論と批評的意識とを架橋するというバトラーによるカルチュラル・スタディーズの実践もそれに直結する。[★11]

もうひとり、この文化研究の批評性ということに関して、ガヤトリ・スピヴァクにも言及しよう。スピヴァクは二〇〇七年、東京の一橋大学で行われた講演「人文学と変革のための活動」のなかで、人文学に必須の「教える」という活動がグローバリゼーションを「代補」する状況について述べていた。すなわち、文学でも芸術でも想像力を働かせることそれ自体に喜びを見出すような伝統的知識人の定義とは異なって、人文学にたずさわる今

★08　Judith Butler, "Preface (1999)", in *Gender Trouble: Feminism and the Subversionof Identity*, London: Routledge, 1999, p.ix.

★09　Ibid., p.xv.

★10　Ibid., p.xvii.

★11　「普遍性」と 9.11 以降の具体的な状況にたいするバトラーの応答が、2004 年に出版された『生のあやうさ——哀悼と暴力の政治学』に集約されている。Judith Butler, *Precarious Life: The Powers of Mourning and Violence*, Verso, 2004. 日本語訳は以文社、2007 年。

日の有機的知識人は、グローバリゼーションの体系の欠如を補うように見えながら過剰な供給を行い、グローバリゼーションの体系そのものを脅かすような可能性を孕んだ利害関係のなかで、こうした定義を変えていくことを求められている。スピヴァクによれば、理論が有効なのはグローバリゼーションをもたらした資本主義という場の内部から働きかけるかぎりにおいてであって、批評理論をともなわない、私たちの体験にもとづく判断だけでは普遍性を伴わない自己免疫性に陥ってしまう。スピヴァクは講演の最後に、知識人の姿勢について次のように述べる。

私たちは今この場で学問機構の内部にいるわけでも外部にいるわけでもないことがわかります。この二つの違いは崩れているのです。ここでは土地を愛することが闘争を最終的に正当化することにはなりません。ここまでくれば、民主主義という抽象的な構造ももろく傷つきやすいからこそ守る価値のあるものに見えてくるでしょう。ここにおいて学問と、軍事産業に代表されるその外部――あの特定の外部――との差異が明確になります。人文学にたずさわる学者は量としてたいした資本を蓄積することはないでしょう。しかし彼女はとても有用な存在となりうるのです、教育者として間接的で細心の訓練をとおして、彼女が資本の正しい使い方と誤った使い方とを区別し選択できるような判断力傾向とを時折育成するならば、そしてとりわけ、深い言語学習によって、私たちが他者の自由へと接近するならば。★12

「変革のための活動」としてのカルチュラル・スタディーズが、理論を文化的翻訳によって活性化するための批評的意識による営みであると定義できるならば、グローバリゼーションやネオリベラリズムのような、明らかに人びとを文明的絶対主義や閉鎖的民族主義に追い込もうとしたり、文化を数量化可能な財産と考えたり、民族の占有物と見なしたりする発想から距離を取るべきだろう。現在のカルチュラル・スタディーズの制度的な浸透がネオリベラルな大学の構造再編の一環として進行してきた側面は否定できない。しかし欧米でも日本でも、現状変革の契機をはらんだカルチュラル・スタディーズの営みが、グローバリゼーションやネオリベラリズムへの対抗点として、現状の権力構造を根底から問い直し変革するような多様な文化の交渉と混交の道しるべとなって

★12　Gayatri Chakravorty Spivak, “Academic Activism in the Humanities”, a paper presented at Hitotsubashi University, July 7, 2007.（鵜飼哲監修、『スピヴァク、日本で語る』、みすず書房、2009 年、27 - 28 ページ）

きたことも明らかだ。私たちとしては、この国における多文化主義を「共同参画」や「自立支援」といった行政的現状維持のレトリックに領有されないためにも、文化本質主義からなるべく遠ざかった地点で反知性主義と戦うべきだ。「英米文化論」や「異文化交流」ではなく、特定の「文化」を成り立たせている抑圧と排除の力学に注目すること。文化を民族的経済的所有概念から切りはなし、共同財産としてではなく共通の生産資源として、開かれた〈コモンズ〉としての文化を作りだしている様々な現場に注目して、そのような場に自らの研究と教育も連結しようとすることが、学問制度の内外における知識人には求められている。そうした過程でのみ、カルチュラル・スタディーズは多様な状況における理論の発現として接合し、祭りのように陽気《コンヴィヴィアル》で変革の潜在性をもった予測不可能なリテラシーの活動のなかで、文学や歴史や思想が文化として、理論が批評として再生してくるのではないだろうか。

人名・用語

※01　エドワード・サイード……Edward W. Said（一九三五〜二〇〇三）。パレスチナ生まれで米国コロンビア大学

で比較文学を教えた批評家。『オリエンタリズム』（一九七八）によって、ポストコロニアル批評の進展に大きな影響を与えた。他の著作は『パレスチナ問題』（一九七九）、『文化と帝国主義』（一九九三）など。

※02 ジュディス・バトラー……Judith Butler（一九五六〜）。米国カリフォルニア大学バークレー校教授。セックス、セクシュアリティ、ジェンダーにもとづくアイデンティティの力学に根本的な再考を迫り、言語と主体についての理解に革命をもたらした。主要著作は『ジェンダー・トラブル』（一九九〇）、『触発する言葉』（一九九七）など。

※03 ガヤトリ・スピヴァク……Gayatri Chakravorty Spivak（一九四一〜）。カルカッタ生まれの米国コロンビア大学の比較文学教授。フェミニズム、マルクス主義、ディコンストラクションを横断して幅広い影響力を持つ。主要著作は『サバルタンは語ることができるか』（一九八八）、『ポストコロニアル理性批判』（一九九九）など。

※04 スチュアート・ホール……Stuart Hall（一九三二〜）。ジャマイカ生まれでバーミンガム大学、オープン・ユニバーシティなどで教えた。イギリスにおけるカルチュラル・スタディーズの制度的確立者の一人として、多くのヨーロッパ思想を吸収しながら、イデオロギー、メディア、エスニシティ、文化的権力といった領域で決定的な業績を残す。日本語訳による著作集が岩波書店より近刊予定。

※05 エメ・セゼール……Aimé Césaire（一九一三〜二〇〇八）。マルティニク島の詩人・政治家。センゴールなどと共に黒人の文化的復権を訴えるネグリチュードを提唱した。主要著作は『帰郷ノート』（一九三九）、『植民地主義論』（一九五〇）など。

※06 エーリッヒ・アウエルバッハ……Erich Auerbach（一八九二〜一九五七）。ドイツの言語学者・文学批評家。人文主義的な西洋文学の系統的研究で知られる。主要著作は『ミメーシス』（一九四六）など。

※07 パフォーマティヴィティ……Performativity.「行為遂行性」とも訳されるこのバトラーの中核概念のひとつ。ジェンダー化されセックス化された主体が初めから所与のものとしてあるのではなく、ある特定のコンテクストや時代の力学のなかで社会制度として立ち上げられ、効果としてもたらされるものと考える。

ポール・ギルロイ

パネル・ディスカッション
司会
小笠原博毅
本橋哲也
ポール・ギルロイ
市田良彦

ディスカッション

# 音楽《うた》とコンヴィヴィアリティ
# ——文化政治は終わったのか？

市田良彦
ポール・ギルロイ
本橋哲也
小笠原博毅（司会）

**小笠原**　再びお集まりいただき、ありがとうございます。それでは、パネルディスカッションに移りたいと思います。

準備が長時間にわたって申し訳ございませんが、なかなか興味深い質問を皆さんから頂きました。まず本橋さん、よろしいでしょうか。「文化的翻訳とは何か。よく分かりませんでしたので、教

えてくださ い」ということです。

次に市田さんへの質問です。「欧米の思考を批判しているように見えましたが、近代、反近代、知識の間の優越、政治のない場所、社会性のない場所など、批判の対象としている考えの範囲に依拠しているのではないか。そういう批判の対象としている考え自体が西洋、近代とか欧米の思考なのではないか。結局批判をしているように見えるけれども、欧米の思考に依拠しているのではないか」という、非常にクリティカルな質問を頂きました。

小笠原博毅

ギルロイさんには、せっかく英語で書かれているので、ここだけ英語にします。「セキュリティ（安全保障）というのは人種差別の源だとおっしゃっていましたが、ではどうやって平和な世界を作るのか。戦争というのは、西洋とそれ以外の世界の地域だけのものではないと思いますが」と。つまりこういうことでしょうか。「安全保障がなかったら、紛争が起きるのではないか。セキュリティのないところでは、戦争や衝突が起きるのではないか。では、人種差別の源だという安全保障に関して、私たちはどのように考えればいいのですか」ということだと思います。よろしいでしょうか。

ではまず、以上の三つの質問について、それぞれの先生からよろしくお願いいたします。

**本橋**　「文化的翻訳ということについて、もう少し説明しろ」ということですね。今日、短い時間の中で考えたかったことは、わたしたちが今カルチュラル・スタディーズと呼んでいる文化の研究と、一九八〇年代以降、日本の学問的風土の中に輸入されてきた批評理論との間の壁は一体乗り越えられたのだろうかということです。

　途中で少し引用しましたサイードが言っていたのは、理論というものはその理論がどういう場所で、どういう力学の下に生まれてきたかということを常に検証しながら使われない限り、つまり理論を常に文化的な場所の力学で検証しながら使わない限り、理論にあらがいながら使わない限り、それはイデオロギーと同じになってしまうと言っているわけですね。

本橋哲也

　そのために彼は理論と区別して、クリティカル・コンシャスネス（批評的意識）ということを言います。それはサイードの知識人としての姿勢に一致するもので、例えば彼の自伝は『アウト・オブ・プレイス（*Out of Place*）』というタイトルがついていますよね。つまりどの場所にいても、つまりその場所ではさまざまな力学がありますから、対象と肉薄したり、いろいろな問題に直面しなくてはいけないのですけども、どんな場所にいても自分を常に場違いだと感じる。つまり「自分はここにいなければいけないけれども、ここにいてもいいのだろうか。自分がここにいるというのは一体どういう意味だろうか」と常に考える。サイードは、例えば「周縁的な知識人」や「移動する知識人」などとよく言うので、何か対象に対して常に距離を置いて、周辺の移動する場所から距離を置いて対象を分析すると思われるかもしれませんが、そうではないと思うのです。サイードはやはり、その場その場に常に身を置くということをとても大事にしていたと思いますから、距離を置こうとは思っていない。でも、距離はどうしてもあるわけです、対象あるいは現実の政治的な力学に対して。それをサイードは多分アウト・オブ・プレイス、常に場違いであること、と表現したのではないか。

ですからその文脈でいうと、この「文化的翻訳」というのは、まさにその場違いの意識を常にどれだけ感じて、自分たちの批評的意識を研ぎ澄ますのかと言い換えてもいいと思います。ですから全く中立で、距離を置いた立場から翻訳するというのではなく、その対象が常にその独自の力学や場所の力関係によって拘束されている。でもそこにいて批評的意識をもって発言する自分というのはやはり場違いなのだという認識を常に持つべきだ、ということではないかと思います。

それがバトラーになるともうちょっと精緻になってきて、ある文化的な行為を集合的で、伝統的で、歴史的な時間の中でとらえ、それが文化的翻訳を通じて、さまざまな場所で違う意味や違う力学によって発現されてくるということを言っている。そこからバトラーの普遍性についての議論も出てくるわけですが、多分、こんにち「知識人」ということを考えるという文脈では、サイードの言うアウト・オブ・プレイスという自己認識について少し集中的に考えてみると、いろいろな議論も出てくるかなと思います。

**小笠原**　丁寧なお答えをありがとうございました。では、市田さん、応答をしてもらいます。よろしくお願いします。

**市田**　ここの三人での討論の一つの主題にもなるかと思いますが、私に質問をくださった方は「欧米的思考」という言葉を使われました。それを批判しているように見えて、結局その枠組みに依拠しているのではないかとおっしゃったわけです。しかし私は逆に問いたいのです。では、欧米的ではない思考、東洋的思考とは何か、それはほんとうに存在する

市田良彦

のか、と。端的にいって、私が今日しゃべった話のベースにあるのは、それはまたあえて選択した立場ですけれども、非常に普遍主義的な立場だったと思います。私は普遍主義的な立場イコール欧米主義的であるという態度はやめるべきだと積極的に思っていると言い換えてもいいです。確かに普遍主義は欧米で発達してきたわけで、その限りでは欧米主義的かもしれないけれど、私は今日の発表ではあえて普遍主義的な立場を採用しました。普遍主義というのは結局欧米主義ではないかという疑問に関しては、東洋的思考の固有性というのがあるのか、イスラム的思考の固有性というのがあるのかと問いたい。それが、私の基本的な立場だと言ってもいいかと思います。仏教やイスラムもまた「普遍」をそれなりに主張してきたのではなかったでしょうか？　私の考える普遍主義とは、欧米であれ東アジアであれイスラム圏であれ、それぞれの文化的固有性はそれぞれが「普遍」を主張するかぎり貫徹しえないというものです。

　ここら辺りから今日のパネラーの議論に入るかと思いますが、結局隠れた主題は一種の普遍性、こんにちにおける普遍性みたいなものではないかと思います。「知識人」に関連づけて言えば、私は「知識人」が「カルチャー」という語、「文化」という語に対抗政治的な負荷をかけて用いることがいまだに有効なのであろうかと強く思っています。カルチュラル・スタディーズが出現したころには、本橋さんやギルロイ氏も強調されたように、カルチャーという語を用いること自体に非常に政治的な意味がありました。「普遍」もまた一つの「文化」にすぎないという相対化を、「異文化」の発見や積極的創出によって図るということを、批判的知識人が率先して行った。登場しつつあった、レーガン流、サッチャー流の「市場の普遍主義」（こんにち、新自由主義と呼び習わされているような）に対し、「文化」を足がかりに抵抗しようとしました。決して普遍化しえず、むしろいかなる普遍化にも抗うようなトポスとして「文化」を考えようとした。知識人が先頭を切って、です。裏を返せば、こうした文化相対主義はまさに「普遍」と対抗しようという普遍性をもっていたわけで、だからこそそれは政治性をもちえたとも、また、その相対主義は決して「ほんもの」ではなかったとも言えると思います。なにしろ、相対主義はあらゆる相対的なものに対する上位審級（それが「普遍」です）を空虚なものとして設定する。たとえ「存在しない」審級としてであれ、その不在のトポスを立てないでは成り立ちえないからです。そして相対主義的「知識人」は言ってみれば、この空虚な場所を特権的に占める者として自己主張した。私には、知識人による欧米中心主義の批判や自己批判は普遍主義の偽装のように思えます。ところが、カルチャーに依拠することのこうした政治性が周りの環境、世界の動きの中で変わってきているのではないか、そういう問いがひょっとしたら三人の間に通底していたのではないかという気がするのです。私の立場というか、話したことというのは、ある意味では「〈文化〉概念を捨てましょう。むしろ最初から、普遍的な知性というものを積極的に考えてはどうか」という提案だったと受け取ってもらえればよいかと思います。

もちろん研究対象としてのカルチャーは存在すると思います。それこそ文化人類学などの専門家が、ある種の定義を施した上で、また自らの方法も限定した上でアプローチするカルチャーというのは存在すると思います。しかし、そのタームを使うこと自身が政治的に意味を持ち得るようなコンテキストは大きく変わってしまったのではないだろうか。そういう問題意識みたいなものを提示したかったわけです。

ギルロイ氏の話を聞いていて、『ブラック・アトランティック』のころと違って、ひょっとしたら割と自分と近しい問題意識を共有しておられるのかなと感じました。文化トークをめぐる話ですね。それと多文化主義のリスク、危険な使われ方のようなところに関する指摘に関しては、むしろ自分と近しいところを感じたような次第です。

ですから、私からギルロイ氏に伺いたいことは非常に単純です。氏にとっては、カルチャーというタームはこんにち果たして政治的な意味を、かつて持ち得たような意味を、持ち得るのだろうか。

同じ問いを本橋さんにも発するべきだと感じています。カルチュラル・スタディーズが、結局、大学の制度の中でうまく根付かなかったことにはいろいろな問題があるのではないかという話をされましたが、私は端的に、カルチャーというターム自身の意味作用が変わってしまったからだという気がしているわけです。それがほんとうなら、カルチュラル・スタディーズを大学の中に根付かせるというのは正しい選択なのか。それこそ、本橋さんも言われた、ネオリベラルな動きに対抗する上で正しい選択なのかという問いを投げ掛けてみたいと思います。どうでしょうか。

**小笠原**　ありがとうございました。文化という言葉はかつてとはもう違うということですね。今の政治環境の中でどれだけ有効なのかどうかという質問です。では、ギルロイさん、本橋さんの順でお願いできますか。

**ギルロイ**　今の質問に答えられるのかどうかちょっと混乱しておりますが、いずれにしても良いご質問をしていただけたと思います。

私は政治が文化の外部に存在するものだとは思いません。サーカスやダンスや人の気を紛らわせるものを提供するネオリベラルな文化よって、政治が否定されているということはないでしょう。まず政治があって、次にそれが文化によって神秘化され、ゆがめられ、否定されているとは思えないのです。政治と文化の関係についてはもう少し効果的なあり方を、遺産として受け継がれてきたものとは異なるものとして考える必要があります。それが第一点です。

それに関して、まず無知の問題から取り上げたいと思います。ここには学生の方、教鞭を執る方、そして政治学、教育学が専門の方もいらっしゃると思いますが、本橋さんも先ほど言われましたように、大学でのネオリベラリズム的改革が、大学の制度改革を新しい争点として出してくる。例えば文学に関して、カリキュラムに関して、何が人気かということに関して。そして批判的な文学的アプローチに取って代わって、コミュニケーションとか、あるいはもっと微細な、例えばメディアやポピュラー文化などの授業がその改革の特徴となっているような傾向があることは私も認識しています。そして、それを問題としても認識している。とても近しい問題としてです。

しかし、あまりにも性急にその議論に進んでしまいますと、批判するために、そして悪口を言うために現代文化を取り上げてしまうことになってしまう。これは決して本意ではありません。

私の母国であるイギリスでも、教育制度の崩壊は深刻な問題です。教育は債務を背負わされている。若い世代の人々が大学で学ぶものが、われわれの時代と比べて減ってきている。また、学ぶことの技法が小手先のテクニックで決定され、また、スキルは評価可能、測定可能であるということが求められている。学ぶことが少なくなっているということは、それはそれでいいのでしょうが、ということは後に大きな債務を残すということも受け入れているわけです。

ポール・ギルロイ

そして、教育が個々人にとってはいいものであっても、公（パブリック）にとっていいかどうかということに対して、十分認識されていないということがあります。より概念的に言うならば、われわれは無知の政治に対して上手くアプローチできていないのです。無知というのは、一つのバキューム（真空）のように取り上げられている。そして、真実がそこから吸引されてなくなってしまうというふうに考えられているのです。

二十一世紀、あるいは二十世紀を通しても、いろいろな制度や技術が開発され、それによって無知の有無、そして例えばフーコーとかマキャヴェリなどの伝統に沿った権力との関係について、私たちは今十分に理解できていないのではないでしょうか。

私は情報戦争、あるいはインフォ・ウォリアー（info warrior）という言葉を使っています。要は情報です。すなわち対立の外側に情報があるのではなく、対立の内側に、内在するものとして情報があるということ。この認識を新たにすることがわれわれの責任でもあります。

今まで述べてきたものとは少し違う視点から私が特に強調したいのは、アカデミズムの外部にいる人々の能力と創造性を大事にしたいということです。というのは、大学の外には強い飢餓感があるからです。議論をしたりものを学びたいということ。その一つの具体例として考えられるのは。大学以外のほかの教育制度における教育のカリキュラムです。日本、ヨーロッパ、アメリカでもさまざまな議論があります。フランスにおいてもそうです。歴史のカリキュラムをどのように書き換えるかということ、また人々が過去について何を知る必要があるのかについて、国家の過去の歴史を教える仕事をする人間として世界の中で役割を果たすためには何が必要なのかということを考えたいのです。

**本橋**　市田さんの問いに応答しながら、少し新しい問題系を切り開いていきたいと思います。直接的な答えではないですけれども、二つほど応答する道があるかなと思っております。

一つは、端的にカルチュラル・スタディーズにどれだけ意味があるのかという問いに関してです。一つは、ここ五十年、百年の単位ではないのですが、少なくとも五年、十年という、この国の大学院教育、大学教育のコンテクストにおいて戦略的にほかに選択肢があるだろうかということです。つまりカルチュラル・スタディーズ以外に。

日本語だと「カルチャー」には二つの翻訳があって、一つは「教養」ということですね。多くの大学では教養主義でいこうとか、あるいは教養教育の見直しみたいなことが言われていますね。

しかし、私は「教養重視」という旧来の姿勢では、現状変革の可能性を持った文化の問い直しはなかなか立ち行かないだろうと思うのです。ですから、やはりカルチュラル・スタディーズというボトムアップでオルタナティブな方策に、まだ戦略的にこだわる意味合いが十分あるだろうということです。

もう一つは、やはり文化というものに政治的な負荷を取り戻すべきではないか、あるいは、今まで政治的な負荷がこの国のアカデミックな文脈の中でなかったならば、政治的な重みを付け加えるべきではないかと思います。「政治的な負荷」ということは要するに早くいうと、いわゆる「左翼性」ということですね。

そのときに何をするかというと、二つのことが考えられると思います。一つは、多文化主義を再考すること。多文化主義はこの国に根付いていないと言われますが、二つほど問題があって、一つは理論が詰められていないということがあると思うのです。いまだに、いわゆる西洋的な理論、輸入の理論の一つの文脈の中で考えられていて、しっかり自分たちの現場の批評的意識に基づく理論的として探求されていないということがあると思うのです。多文化主義とは「他者との共生」とか「異文化コミュニケーション」のことでしょ、と何か分かった気になっていますが、現実の探求手段として、理論的にまだまだ考査しなければいけないところがたくさんある。一九八〇年代以来この国には——この国だけではなくてアジアの多くの国でもそうですが――いろいろな欧米経由の理論がたくさん入ってきた、何とかイズムという片仮名で。しかし多文化主義というのは、それらとはやはり一線を画するものが確実にあると思うのです。なぜかといいますと、多文化主義こそがいわゆるポストコロニアルの世界の中での現実だからです。ですから多文化主義は間違いなく、政治的に最も活力を持ち得る理論や言説になり得る可能性を持っている。だから、やはり多文化主義を理論的に死なせてはいけないということが一つ。

もう一つは、文化に政治的負荷を取り戻すべきだといったときに、明らかに現在の二〇〇〇年以降のネオリベラリズムとの戦場のひとつは大学なのですよ。最後まで聖域として取っておかれたように見えますけれども、われわれの身近な大学という環境には世界のネオリベラルな支配のあらゆる力学が集中して起こっているわけです。教育水準の劣化、若年労働環境の変化、経済格差の拡大といった形で。これは皆さんのご質問にもありましたが、例えば日本の大学の中で膨大に増え続けている大学院生をどのような形でわたしたち自身が、わたしたちというのは大学教員ということですが、責任を持って指導し、かつ彼ら彼女らの学問的な未来に対して責任を負えるのか。重い問いですよね。

それからもう一つは、もちろん非常勤講師の問題があります。ほかの国でもある程度はありますが、日本ほど正規の大学職員と非常勤講師との待遇がこれほど格差のある国はないのではないか。この大学院生の問題と非常勤講師の問題をわれわれが何らかの形で、簡単な解決はできないのですけれども、取り組まない限り文化に政治的な負荷を取り戻すとか、早く言うと左翼性を取り戻すというのは全くの絵空事にしかならないと思います。つまり言い換えれば、やるべきことがあるということです。カルチュラル・スタディーズとして。わたしたちの大学がネオリベラリズムの戦場になっているわけですから。

**小笠原**　ありがとうございます。市田さん、これまでのお二方の議論を受けて、もう一度レスポンスをお願いしたいのですが。

**市田**　もう一度同じ応答をすることになると思うけれども、ギルロイ氏の今おっしゃったことを僕なりに言い換えると、要するにカルチャーではなくて、権利の話にしてもいいではないかというふうに聞こえるのですよ。例えば教育をめぐる議論ですね。世界的に人口の流動性が増大して、移民というのは、本当にワールドワイドな現象になっています。彼らは言ってみれば、元々生活していた国と、新しく来た国の「間」に居続ける。彼らの子どもたちもです。そういう人間たちはどういう教育を受けたらいいのか。ホスト国は、彼らを元々の自国民のように扱うことは陰に陽に拒否しておきながら、自国民のようになれという教育をしたがる。教育が、移民たちに向って、君たちに居場所はないのだよ、と告げる。これでは教育が非教育を生産するのと同じです。人が自力で社会のなかに場所を見つける術を教えるのが教育だとすればです。

誰が、どこで、どんな教育を受けるのか。この現実世界の中で、これだけワールドワイドに人が動く世界の中で、誰が、どこで、どういう教育を受けたらいいのか、受ける権利があるのかというふうに問題を立て直してやることも必要でしょう。

それから、本橋さんが話された、大学がネオリベラルの主たる戦場になっているかどうかという問題はさておいて、カルチュラル・スタディーズあるいは多文化主義でなければ大学のなかでネオリベラルに抵抗することができないのかどうか、というように問題を立て直すと、私には到底できるとは思えない。問題になっているのは端的に権利問題です。非常勤講師問題はまさにそうだし、大学院生にしたってそうです。就職がないのを分かっていて入れるわけです。「たくさん入れろ、入れろ」と圧力が働くわけですよ。これはある種詐欺的なことをやっているわけで、現状を正確に知る権利を予め阻害し、未来の生活の一部を奪っている。だましているわけですよね。教える中身がマルチカルチュラルかどうかなんて関係ない。

こういう状況を前にして、カルチュラル・スタディーズの積極性、あるいは多文化主義とは何かというような問いが、はたしてアクチュアリティを持ち得るのだろうかと、私などは思うわけです。どうでしょうか。

**小笠原**　続けていきましょう。ポール、何かレスポンスはありますか。

**ギルロイ**　何か言いたいことがあるはずですけれども、言う勇気があるかどうかはちょっと分かりません（笑）。多文化主義について話をすることが、なぜ現実的でないということになるのかがちょっと理解できません。もしかしたら先ほどのジョークで私には理解できなかったところもあるのかもしれませんが（笑）。

権利の問題というのは、確かに重要だと私も思います。それはおっしゃるとおりです。それは先ほどおっしゃったことに関連させれば、普遍性に関わることです。なぜなら、ここでの問題は、果たして、われわれが脆弱な普遍主義を権利の文言の中にどのように表していくのかという選択であるからです。つまり、それはその選択に際してどのような負荷が付いてくるのかという問題なのです。権利の文言や言語が、既に脆弱な普遍主義の中に、すなわち翻訳可能で魅力的なものの中に組み込まれているのか。あるいはその権利の文言や言語というものが既に制限されており、ある種の民族歴史主義的な経験や伝統に結び付いたものなのか。そうした権利の文言や言語自体、その他者にさらされることによって脆弱でもろいものになるのかということ。これは権利の言語そのものの歴史をひもとき、二百数十年振り返って見れば分かるわけですけれども、例えば女性に参政権を与えないということ、そしてまた、奴隷制を維持しながら普遍主義を唱える、あるいは普遍主義を唱えながら市民権をある特定の人たちに限るという、非民主的な特徴がかつてあったわけです。

ですから、権利の言語、言葉というものだけで、十分不自由や不平等に対応できるとは私には思えません。私はフーコー的な権利の歴史、言語というものを考えております。権利をもう少し適切に語れるのはそのような方法なのではないでしょうか。そして、歴史的に見た場合、権利の観念そのものが重要だと思うわけですが、それと同時にその翻訳可能性を、異文化間や文化間での権利の主張を、やはり前向きに評価していいのではないかと思います。

**本橋**　市田さんが、意識的に議論を盛り上げてくださっているようなので正面から応答しましょう（笑）。やはり先ほども言ったことですが、少なくともこの大学や大学院教育、アカデミズムという枠を保持するならば、ですよ。ですから、五十年、百年は知りませんが、「保持するのならば」ですよね、保持しなければ困る人がほとんどですよね、多分この場所では一応。保持するならば、やはり先ほど申し上げましたように、戦略として、戦術としてでもいいですけれども、現実変革の可能性をもったマルチカルチュラルなカルチュラル・スタディーズのほかに選択肢（オルタナティブ）があるのかなと思います。

　市田さんのおっしゃることはそのとおりだと思うのですが、それを市田さん以外の人が言うと、反知性主義にやはり取り込まれますよね。「何？　またカルチュラル・スタディーズだとか、横文字を並べて」みたいな。「多文化主義とかじゃ分からんやん、新大久保[※01]でいいじゃないか」みたいな……、これ、ポールには分からないですね（笑）。そういうことになってしまいますでしょう。

　例えば、新大久保でもロンドンでもドバイでもいいのですけれども、やはり、われわれが生きていかなければいけないポストコロニアルな現実は明らかにそこにあるわけですよね。それを「多文化主義的な共生」と呼んでも構わないと思うのですが、そこをわれわれが理論的にさまざまな形で詰めていくことは、一方においては、反知性主義に抵抗するという必要な動きにもなるでしょうし、他方においては、行政的な分かりやすい多文化共生とか自立支援とか、あるいは共同参画とか、全然参画にも支援にもなっていないわけですよね。それに取り込まれないための唯一のよりどころは、やはり理論的な分析ではないかと思います。

それはやはりカルチュラル・スタディーズがやってきたことですし、ほかに選択肢はないと思います。

**市田**　分かるところはあるのです。ちょっと敷延して、私なりにどう理解し、どこにどううなずき得るかという話を少しだけします。

本橋さんは東京から来られたわけですけれども、東京都の石原知事というのは明らかに大衆の中に存在しているある種の反知性主義にこびることによって、知事の職に長く止まっているわけでしょう。東京都立大学を彼が解体する仕方には、まさにそういうところがあった。「あんな、くその役にも立たない学者連中なんか放り出してしまえ」みたいなね。

乱暴に言えば、反知性主義的なポピュリズムにより、石原都知事は東京都立大学をつぶしたわけです。これは厳然たる事実です。そのときに、それに対抗する姿勢としてどういうものがあり得るか。マルチカルチュラルを立脚点とするというのはもちろんあり得るし、それなりに正しい。東京というところは、私らみたいな関西人が行くたびに驚くぐらいのマルチカルチュラルな状況になっていっています。ますます、どんどん。こういう東京こそが東京なんだ、その延長線上に東京の未来はあると主張することが石原的な反知性主義ポピュリズムに対抗するには必要だ、というのは確かにそのとおりでしょう。その限りでは認めます。

けれども、そこに住んでいる外国人労働者の多くは自分たちの文化を日本人に対して表現する以前に有形無形の無権利状態に置かれて、なおかつ不法労働者として酷い搾取の対象になっていたりする。彼らはまさに外国人「労働者」として扱われ、「移民」としてさえ承認されない。これはいわゆる不法滞在者にかぎったことではありません。合法的滞在者も長く日本に住んでいればいるほど、「日本人」と「外国人」の法的・社会的ステータスの違いを実感しているはずです。これだけ多くの外国人がいるのに、彼らはあくまでも「外国」人、よそ者のままなのです。だから、私は権利問題という言い方をするのです。彼らが「文化」を自己主張していないところにこそ「アクチュアリティ」があると考える。

権利というのは、何も国家が認めたものだけが権利であるわけではないですよね。むしろ権利がないという状態に置かれた人が、「権利がない」と叫ぶことによって権利は始まると言うべきで、国民国家の枠組みの中で承認されたものが権利である、あるいは、人権宣言に載っている個別の権利が権利であると考える必要は全然ないと思います。「私は権利がない」と声を上げる人が権利を作る。そういうものとしてとらえることができないかと思っているわけです。

まさにそこに、哲学者の名前を知性主義的に出して恐縮ですけれども（笑）、フーコー的な権利概念のこんにちにおけるポジティビティあるいはアクチュアリティみたいなものがあるのではないかと考えています。

**ギルロイ**　対立点が分かってきました。ここで一つ指摘したいことがあります。その権利の発動というのは人権の発動なのでしょうか。これは民主主義的な主張であるわけですが、それはこれから先まだ期待しなければいけないこと、新しい政治的な制度が生まれるのを待たなければいけないことなのかどうかはわかりません。しかし、私はやはり、二十世紀の半ば以降、人文系の人たち、哲学、文学、批評的な文学研究の分野では、「人間」というものに対して恐怖を抱いてきたと思うのです。すなわち「人間」をハイデガー的な「二枚舌[※02]（duplicity）」とか、そういったものに染まりきっているものとしてとらえてきたわけです。

そこで、「人間」と再びかかわることを許すような環境が、今危機にさらされているのだと思います。ですから、また「人間」に立ち戻らなければいけないのではないかと思います。政治的な意味でのネオリベラリズムの影響を受けて、一体何を考えなければいけないのか？「人間」の自然な進化は終焉し、新しい形のゲノム技術が到来する中で――例えばセキュリティクラシー（安全優先主義）という言葉を私は使いましたけれども――シティズンとデニズンの境界は、例えば埠頭、港、空港、あるいは国境線のみで発生するのではありません。境界線というものは、すべての制度、すべての空間を横切るものであって、それに対してわれわれは何ができるかを考えていかなければいけないと思います。

**本橋** 先ほどの報告を聞いていて思ったことを、今の流れの中でポールに少し聞いてみたいと思うのですが、今ポールが言われたように、文化研究あるいは一部のカルチュラル・スタディーズの退潮のなかで権利の言説を含むような普遍性や人権、人間的価値というものに対するおびえ、あまりそこには入り込みたくない、そういう動きがある。そのとおりだと思うのですよね。それをどういう形で取り戻していくのかという問いが重要だと思うのです。

先ほどというか、最近、ポールは特にコンヴィヴィアル（convivial）、コンヴィヴィアリティ（conviviality）、陽気というのですかね。元気なとか陽気なとか。今日はその例として、港とか非常に周縁的であるとともに、さまざまな暴力や悲劇をはらみながらいろいろな人々が交流し、近代性の核となるような活動が行われていた、今でも行われているような場所としてのポート・シティーズ（港町）みたいな場所を取り上げて、その中での人々の大きな活動の中心にコンヴィヴィアリティ（陽気さ）という音楽的な用語を持ち出している。ポート・シティーズに関しては全くそのとおりかなと思うのですが、例えば文学研究（リタラリー・スタディーズ）やカルチュラル・スタディーズが文化翻訳的な展開によって、ヒューマニズムや普遍性の言説に対して、何らかの形で交渉を行う、取り組む、介入していくといったときに、このコンヴィヴィアルという、あるいはコンヴィヴィアリティというポールの一つのキータームが、どういう形でそうした普遍的なヒューマニティ、あるいはヒューマニズムの言説とつながり得るのかなと、先ほど聞きながら単純に思っていたのですけれども。

**ギルロイ**　私にとってカルチュラル・スタディーズに起こった最悪の出来事の一つは、その凡庸な中身がネオリベラルな思考の過程や前提とも両立可能なものになってしまっているということです。文化そのものが財産か何かでもあるかのように受け止められている。そして、文化を他者が利用すると、いわば盗んで利用するということになるわけですけれども、それがセキュリティの問題と結び付くのではなく、いわばその人々が自らの安全を確保するために、あたかも火の周りに集まって手を温めるような形で、つまり不安感を癒すような形で文化が使われていることに、私は疑問を抱かざるを得ないのです。

このような外国嫌いの反動、不安感のパターン、また他者とのかかわりにおいて感じる不安が見られる中で、もっと脆弱になって、もっと不安感を感じるようになったときに何に依拠することができるのかといえば、やはり文化であると。自分たちが所有していると思っている文化に依拠することによって、それらの不安を乗り切れるのではないかという考え方があります。私はその考え方に反対です。やはり文化は所有できる財産ではないのです。しかし、文化の概念を日常のテンポに戻して考えることができないと、このような文脈から切り離すことは難しいと思います。

私はコンヴィヴィアリティというものが、まさに不安からの回復のプロセスにかかわっていると思うのです。私がこう教えると、学生たちの中には単に「人は変われない」と信じている人もいます。それだけではなく、われわれがいかに他者性とのかかわりの中で不安感なく、どのように生きたらいいのかということに関して無関心な学生もいます。人文科学の人間が、なぜこのような問題に対処しようとしないのか不思議でなりません。すなわち、他者とのかかわりの中で不安感を抱くことなく生きていくためにはどうしたらいいのかということを、どう教えればいいのかということです。

例えば多元で多様な社会について、あるいはクレオール社会をどう統治したらいいのかについて、植民地の統治者たちが、単に帝国の名残としてではなく書いてきたものを読んでみますと、彼らが常に言っていることは、社会関係の中で他の選択肢があるとは分かっていても、心の平穏のためにその経済的なものを重視し、そして、分け隔てられた形、差別化した形で居住しながら市場では交流をするということです。しかし市場をいったん離れれば、別々のところに住んで安心感を得る方が統治しやすいということも書いています。ですから、「場違い」という考え方、あるいは制御しがたい文化というものに私は共感を覚えるわけです。

もう一言申し上げますと、コンヴィヴィアリティとはイヴァン・イリイチの研究から考えたものです。彼は興味深い質問を投げ掛けておりました。すなわち教育そのものはポスト産業社会の中でどのような位置付けにあるべきなのか、そして、その秩序の中で教育者としてどのように教えるべきなのかと問うておりました。そして、彼の思考の背景にあったのが地中海を中心とした社会であって、その地域の一神教的な宗教の間では往々にして、暴力が制御された形での交流が行われていたということです。

他の地域ではナショナリズム等が前面に押し出されて対立があった。しかしイリイチは、コンヴィヴィアリティという概念の中で、そのような地中海周辺の社会を中心とした社会の歴史を振り返ることが有用なのではないかと言ったわけです。彼らはなぜ、その多元性を不安感なく制御することができたのかと問うたわけです。

そこで、似たようなことをここで答えなければいけないのではないでしょうか。われわれ自身の状況を考えてみます。私はアメリカに六年住んでおりました。そして、その六年間の生活を経て最近気が付いたことがあります。その間、われわれが民主主義と呼ぶものや自由な伝統というものが危機にさらされていたということです。そして、テロリストに対する怒りがありました。もちろん長年培われた伝統は、その圧力にも屈することがないと私は信じていたわけですけれども、今では大きな緊張感が見られる。市民権を持っている人たちと、その外にある人たちとの間に緊張が見られるのです。

ですから、私にとってもコンヴィヴィアリティの概念とは、いろいろな問題を提起するきっかけとなっています。どのようにすればポストコロニアル都市における生活が持続可能になるのか。そして、不平等が拡大したり、エスニシティ、超国家主義、人種差別というものが政治争点となっている社会におけるコンヴィヴィアリティとはどのようなものかということを考えたいのです。

**小笠原**　少しずつ議論がシフトしていますが、先ほど本橋さんがポールに応答を求めたので、パネリスト間の平等のためにも続けて話してもらうことにしましょう。ポールから市田さんと本橋さんに質問とかレスポンスがあればしていただきたいと思います。

**ギルロイ**　市田さんに対してですが、議論の中で音楽を取り上げられたことに興味を持ちました。特に私にとって、音楽を想起させるということ。『ブラック・アトランティック』では、音楽を想起させることによってテキストや表象的な力に対抗しようとしたわけです。これは反表象と言ってもいいかもしれません。市田さんはテキスト（文字）と音楽というのは、それぞれお互いに反表象的であるという意味で取り上げたのかもしれません。文字どおりこのパラダイムは支配的なものであります。でもそれとは少し違うと思ったのは、おっしゃるとおり「ヴァナキュラー」な文化の核となっているのは言葉や書いたものではなく、音と関係しているということです。

さらに大きな問題がそこにあると思います。市田さんはお話の中でユートピアのことをおっしゃいました。音楽はそのユートピアを聞いたり感じたりすることができる。あるいは名前を付けたり、それについて書いたりすることができるという点に興味を持ったわけです。

本橋さんの報告ともかかわっていると思います。本橋さんも例に引かれたサイドから出てくるのは、対位法の問題です。音楽、概念化、ハーモニーといった、調和や意味の概念化を想起するかどうかということです。ハーモニーそのものも、（文字よりも）古い哲学的な形象を持ち得ます。その結果音楽は、また異なった範囲の理解や異なった理解の限界を、つまり文学的な文字による学術的な批評とは違うものを与えてくれるように思います。

**小笠原**　分かりました。市田さん、どうでしょうか？

**市田**　特に応答すべきという感じでもなく、話が通じたなとは思います。一つ、最後の方でポールが言及したユートピアの話で、僕からもう一度言うことがあるとすると、僕の話の中で出てきた「社会の中に場所がない」、「非場所性」云々という話は、一直線にユートピアとつながるものではありません。本質的にはむしろディストピア、正反対です。社会の中に居場所がないのだから。そのディストピアをユートピア的なものに反転させる力として音楽を読めたらいいのじゃないかというのが、私の基本的なモチーフだったわけです。

そこに、言ってみれば、われわれがこれから着目すべき契機（モーメント）みたいなものがあるのではないか。根本的にディストピアであるものをユートピックなものに反転させる構想力に可能性があるのだということですよね。そういう力能が歴史的に実証され、それが発見されたというところに、ポールの本の一番読むべきところがあると私などは思うわけであります。

**本橋**　音楽の話はとても興味深いと思います。サイードの対位法的、コントラパンタル（contrapuntal）な思考は有名なのですが、そういうことを聞くと私たちの多くが、「いや、そんなことを言ったって、サイードというのはものすごく西洋的なディレッタントで、彼が使う音楽はいわゆる西洋のクラシック音楽ではないか。だから、ポールが言っているようなブラック・アトランティックや黒人音楽とは、やはり違うのでは」。そういう反応があるかもしれないと思います。

ここは注意しなければいけないことが二つぐらいあって、一つは、サイードという人間がやはり常に芸術的な表象と、それから政治的な活動の場というところで、矛盾した場に自分を置き続けた人ではないかと思うのですね。先ほどもちょっと私の報告で考えましたように『オリエンタリズム』という本もそうです。特に、「何で最後にアメリカの話が延々と出てくるんだ？」と考えることが大事です。

つまり理論的な頭脳と西洋の伝統的なギリシャ以来の――アウエルバッハ的というんでしょうか――ヒューマニズムの伝統を愛する心とがサイードの中で共存しつつ互いに戦っている。そういう矛盾した場に自分を置き続けようとした。だから英文学研究者であり、クラシック音楽の愛好家でありながら、やはりパレスチナの政治的な活動家として身を置き続けようとした。これは簡単に言いますけれども、とても重要だし、なかなかほかに見いだせない仕事をしてきた人ではないかなと思います。

もう一つは今、市田さんにとても素晴らしく整理していただいたと思いますが、音楽というものの持っている不思議な力、いわばどこにもない場所というものを発現させていくというのでしょうか、ディストピアがユートピアに転化するような契機を持っているという点は、本当にそのとおりだなと思いましたが、これを考えるときにわれわれは――最初に市田さんがお答えになった問いとつながるのですが――「西洋のクラシック音楽だから」とか、「ブラックミュージックだから」とか、どっちがいいとか悪いとか、こういう発想をやはり捨て去らないと、市田さんが今日の報告で目指されていたような音楽の持っている「間《あいだ》」としての力に迫ることはなかなかできないのではないかと思います。だから、やはりそうした西洋と東洋の二項対立とかというのに捕らわれていると、これは石原都知事にはやはり勝てないですよね、彼のようなポピュリスト的反知性主義には。反知性主義は何でもかんでも赤ん坊と一緒に、その赤ん坊を洗っている水も投げ捨てようとするわけですから。これは今、わたしたちの周りではとても深刻な問題です。

大学院はともかく、大学教育の中では、「そんな面倒くさいことを何で考えなくてはいけないの？」という十何年間の反知性主義の文脈の中で育ってきた学生たちに何かを教えなくてはいけないわけですから。だからそのときにわれわれが、「いやいや、西洋音楽はやはり素晴らしいんだよ」、あるいは「西洋音楽は駄目だけれども、ジャズなら面白いよ」「もう英文学は駄目だけど、映画だったら面白いんじゃない？」とか、そういった教養主義の小手先的変換ではやはり駄目だと思うのですね。矛盾したモーメントをはらむところでさまざまな表象を考えたり、やはり端的に言ってジャズもクラシック音楽も当然同じ可能性を持っているものとして考えていかない限り、新しい知見の可能性というのは出てこないのではないかと思います。

**小笠原**　どうもありがとうございました。

あまり時間もなくなってきました。ちょっと時間を過ぎても質問をきちんと紹介したいと思います。

その前に今までのお三方の議論を非常に乱暴ですが、ポイントを少しだけかいつまんで整理したいと思います。

最初に、文化というものの考え方の相違点が披露されました。しかし、司会の範囲を超えないで整理させていただきますと、括弧付きの「文化」というものの考え方を議論する中で、ある種必然的に、例えば「権利」という言葉であるとか、最後の方に出てきた「コンヴィヴィアリティ」などのある種の社会性を備えた言葉が自然に出てきてしまったということがあります。だから、閉ざされた言葉や閉ざされた概念の議論ではないということです。

「政治的」という言葉を安易に使いたくないのですけれども、まさに文化という言葉と政治という言葉のせめぎ合いのようなことがここで披露されていました。少なくともポイントとして押さえておきたいのは、文化の考え方の違いの議論を始めたのだけれども、なぜか権利や政治的な領域、社会性の話になってしまった、そういう話になれるのだよということを一つ確認したいと思います。

その流れで、本橋さんが非常にスムーズに連結役を果たしてくださいました。ありがとうございます。音楽の位置付け、もしくは非位置付けの話でオチがつきました。これは決して音楽をある集団同士、もしくは社会の中での共同体の間における媒介であるとか政治的な手段であると考えるのではなく、ある種の力能、活力、動力といっていいのでしょうか、ディストピアからユートピアへの反転のための力という表現がありましたが、そういう単にポピュラーカルチャーの一ジャンル、商品と考えられるさまざまなカテゴリーに音楽を閉じ込めるのではなくて、よりダイナミックな動力としてとらえることもできるというふうに話が流れていきました。非常に乱暴ですが、若干の整理だけをしておきます。

さて、本橋さん、市田さんまでは簡潔にお答えいただいたと判断します。それから今までの議論の中で、「もしかしたら自分の質問に関係するな」「自分が聞きたかったことをもう答えてくれたな」という部分もあるかもしれませんが、取りあえず三つのうちの二つまではお答えいただきましたので、もう一つ、最後にあったポールへの質問です。セキュリティに関する問題です。

セキュリティというものが人種差別の源にあると考えるのであれば、どうやって平和を達成するのか。世界の戦争というのは西洋社会とその他の国々との間のものだけではないと。ではお答えください。

**ギルロイ**　私は別にセキュリティが人種差別の源だと言うつもりではなかったので、その点を少し明確にしたいと思います。もっと重要なのは、ポピュリストとしての人種差別的な表現です。これについてはインセキュリティにかかわる表象について言いたかったのですが、また一方では、マネジメントあるいはガヴァナンスによって、そしてデニズンの人々——例えば不法労働者であるとか、あるいは法を超えてずっと滞在している不法滞在者というような人たちでありますが——に適用される法律によって、通常の法律の施行が一時停止する可能性があるのです。すなわち例外的な法関係ができるということです。そういった他者を除外することによって、セキュリティが導入されるということになります。この点は極めて制度化された形での移民や不法労働者、あるいはデニズンたちのマネジメントの仕方なのではないでしょうか。

ですから、セキュリティから出てきた言葉であるセキュリトクラシー（安全優先主義）がこのような法的な取り決めの根拠となり、そのような法的規定を、例えば人々を不安や恐怖を通じて支配するということによって、さらに拡大適用する。例えばその道具として最たるものが移民法です。それは同時に誰でも受け入れたり排除したりできるという便利なものです。例えば追放というのも然り。法的な保護が不平等に行われてきたということも、このような習慣の一部です。このような通常の法の外部を作ることによって、移民法はさらによりメインストリームな装置として機能するようになってきた。

では、世界を平和にするために、また、平和を獲得するためにはどのような計画が可能なのか。戦争というのは、おっしゃるとおり、このような植民地の対立によるものだけではありません。私はほかにもいろいろな戦争の可能性があると思いますし、また、われわれは、歴史的にも今のこの世代でもって戦争の遺産を認識しなければ、つまり過去の犯罪についての認識がなければ、決して私たちは生きのこることができるような形での多文化を獲得することはできません。それは世界のどこにいたとしても同じです。

一つ、実際的な例を挙げたいと思います。私自身の国イギリスの話です。一九四五年以降もたくさんの戦争が戦われています。例えばキプロス、ケニア、アイルランド、いろいろなところで戦争がありましたが、そういった戦争について語る人は一人もいません。その代わりに、みんなドイツとの戦争のことをしつこく、しつこく、何度も、何度も繰り返し言います。これは国家としての性質です。ドイツとの対立の記憶があるのです。ドイツとの戦争を採択した人はそれを覚えているわけではない。すなわち、その人々はあまりにも若く、自分たちが生きているときに経験した戦争ではないのです。それは祖父母の時代の戦争です。でもオブセッション〔妄想〕として、ドイツとの戦争のイメージを、実体験がなくても持っている。

他の歴史、その後の戦争の歴史は、こうして部分的に除外されているわけです。多文化主義ではなく、ナショナリストの政治というのがこういうふうに作動しているということです。ナショナリズムとは忘れることではなく、記憶することだからです。

でも今私たちが経験している戦争は、そこに参加することを余儀なくされている戦争であり、その前提として帝国の権力を再現するためのものであります。それはアフガニスタンであり、イラクであり、またすぐにイランでも起こるかもしれない。それから、パレスチナの戦争、こういった戦争はすべて帝国が崩壊したことによるものです。大英帝国が崩壊してばらばらになることによって、こうした対立が生まれました。

それらの地域に住んでいる人たちは、戦争をよく記憶にとどめています。イランでもそうです。イギリスとアメリカが自分たちの政府にやったことを、クーデター[※03]のときのことをよく覚えています。アフガニスタンについても、百五十年の間にイギリスがやったことの歴史をちゃんと頭の中に鮮明に覚えているのです。

若い人たちに聞いてみましょう。例えばアフガニスタンとイギリスの歴史的な関係、イランとの関係について知っているかどうか。ウィンストン・チャーチルがイラクを作った[※04]などという話をしても、若い人は何も知らないわけです。ですから、これは小さいことかもしれませんけれども、現在の平和、現在の幸せが、いかにわれわれの記憶の掘り起こし次第なのかということなのです。

これは神経症的な歴史のフィルタリングであり、歴史の中でわれわれが記憶していることは、勝者である場合と犠牲者である場合のそれぞれにしたがって、より健全な国の理解や国家の形成が進められるということになるのです。

**小笠原**　いくつか似たような質問があったので、質問一つにまとめたいと思います。これもまたポールにです。「トークの中で、人種ということの重要性が出てきました。果たして人種という概念は、今どこまで、まだ論じる必要があるのか、有効なのか」という質問があります。その点について応答をお願いします。

**ギルロイ**　もう長い間言ってきたことですが、例えば十九世紀のダーウィンの歴史的なものから、つまり現実的あるいは地政学的な民族主義、差別主義、そして生物学的な抗争に取って代わって、文化の問題が人種差別的な理論の中で非常に顕著になってきました。そして、人種とナショナリティとの関係が現れました。文化的人種差別主義をさかのぼると、少なくとも三十年前にまでたどり着くと思いますが、それがどういう発端で出てきたかを考えると面白いわけです。そのときには生物学的なヒエラルキーが前提としてなかったわけです。

例えば人種の中には優性なものとそうでないものという区別がなかったわけです。そこで強調されたのは違い（差異）だけです。劣っているということではなく、ただ違うんだというところから始まった。そこで、あまりにも違うから、一緒にいることは両者にとって問題なのだということ。これが文化的な人種差別主義の言葉でした。

哲学的にいうならば、この部分の唯名論の要素が重要です。一つのバージョンの人種差別主義が、制度的、政治的、統治的、経済的にその対象物をどう呼ぶかということを考えれば、「ダイナミックな唯名論」が必要となり、それによって初めてこのプロセスが理解できると思います。

現在、大きな問題、これは皆さんとの経験が違えばぜひ訂正していただきたいのですが、現在に関してもう一度繰り返して言いますと、一連の人種のテクノロジーというものがあって、そこに根付いているものはアメリカの経験をベースにしている。それが世界へ輸出されてきたわけで、あたかもすべての地球上の人々の将来の運命のように取り上げられてきたわけです。それが真実だとは、私は思いません。

アメリカがほかの人々よりも先んじているとは思いません。私たちが世界の人種差別主義の遺産に対して抱えている課題や試練がアメリカの人種のテクノロジーによって解決できるとは思いません。例えばブラジルの人はひょっとしたらアメリカ産の人種政治は嫌だと思うかもしれません。積極的優遇措置《アファーマティブ・アクション》など信奉しないかもしれません。

南アフリカの人は、必ずしも単に人種政治と言われているものを、アメリカから簡単に輸入したいとは決して思わないかもしれません。

二〇〇一年九月十一日に同時多発テロが起きる直前、南アフリカである会合が開かれました。[※05] 人種差別主義やあらゆる形の差別についての会議が開かれ、世界中の人々が集まり、いろいろな伝統や背景を持った人々が一堂に会して議論しました。コスモポリタンな形で、不正に対して、不正義に対して、ヒエラルキーに対して戦おうという話をしたわけです。

その会話から何が生み出されたのか。例えばある人種の人々が黒人に対して何を言うか。また、ある人々が別の伝統の背景の下で搾取をされたことに対してどう反応するか。こういう問題に対して、コスモポリタンな会話を続けていくことが必要です。一九一〇年にも世界規模の会議がありました。※06 ロンドンにやってきた日本からの代表者もいたわけで、これは百年前のことですけれども、そうしたものもありました。もう一度火をつけ、コスモポリタンな会話をよみがえらせ、現状の不自由な形態が、さまざまなところで相互にどう共鳴するかを見ていくことが必要です。

アメリカの歴史とは、テーラーメイド以外のものを作るわけにはいかないのでしょうか。南アでの会議で、アメリカは自らをこの対話から排除しました。これは不適切な条件であり、こうした条件の下では、対話に将来もう一度火をつける、その火をよみがえさせることなどできないと思います。

**小笠原**　では、パネルディスカッションの中で出てきた話に関して何か質問がある方がいらっしゃったら手を挙げてください。よろしくお願いします。

**質問者A**　本橋さんに質問です。市田さんは、「多文化主義には理念があるとすれば、それはネオリベラルの対抗軸にはならない」というお話をされたと思うのですけれども、本橋さんが考える多文化主義を基礎付ける理念はどういうものになるかがちょっと分からなかったのですが、それを教えていただけますか。

**小笠原**　では、質問だけ最初に受け付けます。今、多文化主義の理念に関してという質問が出ました。もう一人、誰かいらっしゃいませんか。全く関係ない質問でもいいです。今の質問に関係ある質問でもいいです。

**質問者B**　今までの話の流れとは直接関係ないのですけれども、裏側から関係があるのではないかと思うので質問をさせていただきたいのですが。

『ブラック・アトランティック』というギルロイさんのご本で私が一番引かれた言葉というのは、「反‐反本質主義」という言葉だったのですが、そのときのブラックというものは、反‐反本質主義という言葉で肯定されているのかと思ったのですが。それが、やはりわれわれは日本人ということで、日本人というのはアジア人なのかどうかのアイデンティティを何か失っているみたいな状況があって、それがこのシンポジウムでもいまいちぴりっとしてきていない原因になっているのではないかというふうに私の勝手な感覚がありますので、ギルロイさんにブラックとか反－反本質主義について一言語っていただきたいと思います。

**小笠原**　あまり語る時間はないので、反－反本質主義とは何かというのをかいつまんで話していただければいいですか。はい、分かりました。では最初の質問、本橋さんからお願いします。

**本橋**　これでもう私がしゃべれるのは最後ですよね。今、頂いた質問は多文化主義の理念とは何か。事前に二つほどとても良い質問も頂いていますから、それにも少し触れる形で、もうこれでしゃべれないので、二～三分で終わりたいと思います。※07

多文化主義の理念というのは、もちろんいろいろなことが言えると思いますよ、コスモポリタニズムとか、調和とか、ポールの言っているコンヴィヴィアリティとか。またより具体的な文脈では、対話とか比較主義、あるいは平等や民主主義というものも当然入ってくるでしょうね。

ただ、多文化主義はそうした理念を何らかの形で実現しなければいけないという主張なのですけれども、ポイントはもちろん現実にあるということですよね。ポストコロニアルな現実が多文化主義である。だから、その現実がある限り、そうしたさまざまな理念を生かすべく、われわれとしては現状の変革に努力すべきではないか。何度も繰り返しになりますけれども、そこにカルチュラル・スタディーズの意味もあるだろうということですね。

二つほど質問を頂いているので、それにどれだけお答えができるかはよく分からないのですが、一つは「ディシプリン（専門領域）の中で成果を上げなければいけない大学院生の立場を、どういうふうにお考えになりますか」という内容です。例えばカルチュラル・スタディーズをやりたくても、もっと堅実な学問へと「転向」するような院生の方もいるかもしれない。これは深刻な問いなので、じっくりと話したいと思いますから、後で来てください（笑）。いろいろ策はあります。

もう一つは、これは結構よくある反応ではないかと思うので、皆さんと共有して考えたいと思います。「ネオリベラリズムやグローバリゼーションに知識人は対抗しないといけないとおっしゃったと思いますが、ネオリベラリズムやグローバリゼーションにおける強者の立場に知識人はいるのではないか。その強者の立ち位置から」――私は今座っていますけれども（笑）――「このように発話することが、かつて行われたような文化の収奪に陥る可能性はないのでしょうか。強者の発話は必ず文化の収奪に陥るのではないでしょうか」という質問です。

もちろんその可能性はあると思いますね。でも、やはりここで考えなくてはいけないのは、何度も同じことしか言っていないのですけれども、そうやって「知識人バッシング」に話を持っていってしまうと、やはり反知性主義にしかならない。だから、私たちは、こうした問いを発するときに踏みとどまって考えなければいけないのは、「強者とは一体何なのか」ということだと思うのです。少なくとも私が今、私自身がこんな高いところに座って偉そうに話しているということで、自分がどのように「強者」なのかということを考えてみると、少なくとも二つあると思います。一つは、大学という枠組みの中での常勤講師ですから、非常勤講師あるいは大学院生との間に経済的な格差がある。では、それに対してどうするか。答えはそれを埋めるような努力をするということしかない。そのための方策はいろいろ考えなければいけないと思いますけど。

もう一つは、横文字を並べてしゃべっているみたいな、要するに知識や経験の差というものがある。「それがあるから、強者だ」ということがあるとすれば、やはりそれは共に教室でも、あるいはこういう場でも反知性主義的な姿勢に、やはり一緒にあらがっていけるような、語学的で人文学的な訓練をお互いにやって協力して自分たちを鍛えていく。そのことによって強者と弱者との差を埋めていくしかないのではないでしょうか。

**小笠原**　ありがとうございました。恐らく最後になると思いますけれども、ポール、お願いします。

**ギルロイ**　多文化主義のイデオロギーの問題、それから反－反本質主義の問題というのは、反本質主義と非常に密接なつながりがあります。すなわち多文化主義の根源にかんしていろいろ話してきましたけれども、一つの明確な答えは、反－反本質主義とは認識、認知の問題だということです。違いをどのように認識するのか、どういう条件下でその認識が折衝されるのか、そしてそれが受け入れられるのか、他者という違いを政府、制度的なプロセスの中で受け入れるのかどうかということです。

問題は、特定の人がその「違い」は何であるかを決定する立場に立つということです。そこには緊張が生まれます。これは根本的に、非常に重要です。

必然的に権威主義的な特徴がそうした認識の特徴付けをするわけですけれども、これはもっと早い段階で議論すべきだったことかもしれませんし、これはもちろん基本的なことですが、われわれ自身の文化を学んだり理解したいと思ったならば、われわれはそこから少し距離を置くことが必要です。われわれ自らに対して、ストレンジャーであることが必要なのです。少し身を置く。そして距離を置くということを自らで執り行うことが必要です。

このようなホームレス状態をロマンチックに語ることは問題であるかもしれません。しかし、われわれの文化からひとつ身を離すということも一つの権利です。その結果として、文化に対して解釈的に、批判的に、そして希望をともなって、一つの可能性が生まれてくると思います。ですから、多文化主義のイデオロギーとその必要性について理解するときには、このような方向で行きたいのです。

もう一つの課題は、われわれは平等な価値の前提というものを必ずしも宗教的な意味で考えていないということです。逆に宗教的な含意を克服する方法も考えなければいけません。それを迂回《うかい》する方法です。自分自身が、世俗的な人間として、非常に大きな脆弱性をもつことを認識することが必要なのです。人間としての弱さを共有しているわけで、それを普遍的なものとして、はっきりと口にして理解することです。

例えばわれわれの体は水でできているとか、あるいは脆弱性があるとか、またある特定の病気にはわれわれは弱いのだということ。こうした弱さを理解することが必要です。こうした形で、一つのヒューマニティに対する感覚を作っていくことも非常に重要です。これは、己の文化から身を切り離す権利とも、うまく相容れるものだと思います。

日本のナショナル・アイデンティティについて私が日本に来てからずっと考えてきたことが一つあります。より世俗的な日本の文化についてのシンプルな考え方。それが国外で広く理解されて、それが日本というものに対する均質的なイメージを作っているわけですが、それはある特定のファンタジーが投射されているものです。従って、統一感や日本らしさというのは、世界の他のところと同じように、限界のある考え方だと思います。

**小笠原**　ありがとうございました。これでトークとパネルディスカッション、質疑応答を終了させていただきます。長い間ありがとうございました。

## 人名・用語

※01 新大久保……新宿駅東口と新大久保駅の間に走る職安通り周辺の韓国人コミュニティを指す。

※02 ハイデガー的な「二枚舌（duplicity）」……ハイデガー哲学で言う「存在」は、結局ナチス的に人種化されていたという読解を、「人間に」敷衍させて皮肉っている。「人間」というカテゴリーが普遍を装いつつ人種などによって特殊化されていることが明らかにされたため、人文諸科学においてそのカテゴリーの使用自体を忌避してきたということ。

※03 クーデター……アメリカとイギリス両政府がCIAの工作によって引き起こしたクーデター。石油国有化を推進していた当時のモサッデク首相（国民戦線）を失脚させ、新米のパーレヴィ二世が国王として政権に就いた。

※04 ウィンストン・チャーチルがイラクを作った……一九二一年、当時イギリスの陸相だったチャーチル主宰により、オスマン帝国消滅後イギリス委任統治下にあったイラクを、ファイサル一世を首長とする王国として独立させる決定を下す会議が開かれた。

※05 南アフリカである会合が開かれました……国連とユネスコ主宰により南アフリカのダーバンで開かれた反人種主義・差別撤廃会議。ギルロイもスピーカーの一人として参加している。

※06 世界規模の会議……ロンドンで行われた第一回世界人種会議（The Universal Races Congress）のこと。主な参加者はW・E・B・デュボイスやフランツ・ボアズなど。大英帝国の植民地であったアフリカ諸地域や、インド、中国、日本からも多数が参加した。

※07 二～三分で終わりたいと思います……事前にフロアーには質問シートが配布されており、パネル・ディスカッション直前に回収され、各パネリストに手渡されていた。

# II

## 黒い大西洋、再び
ブラック・アトランティック

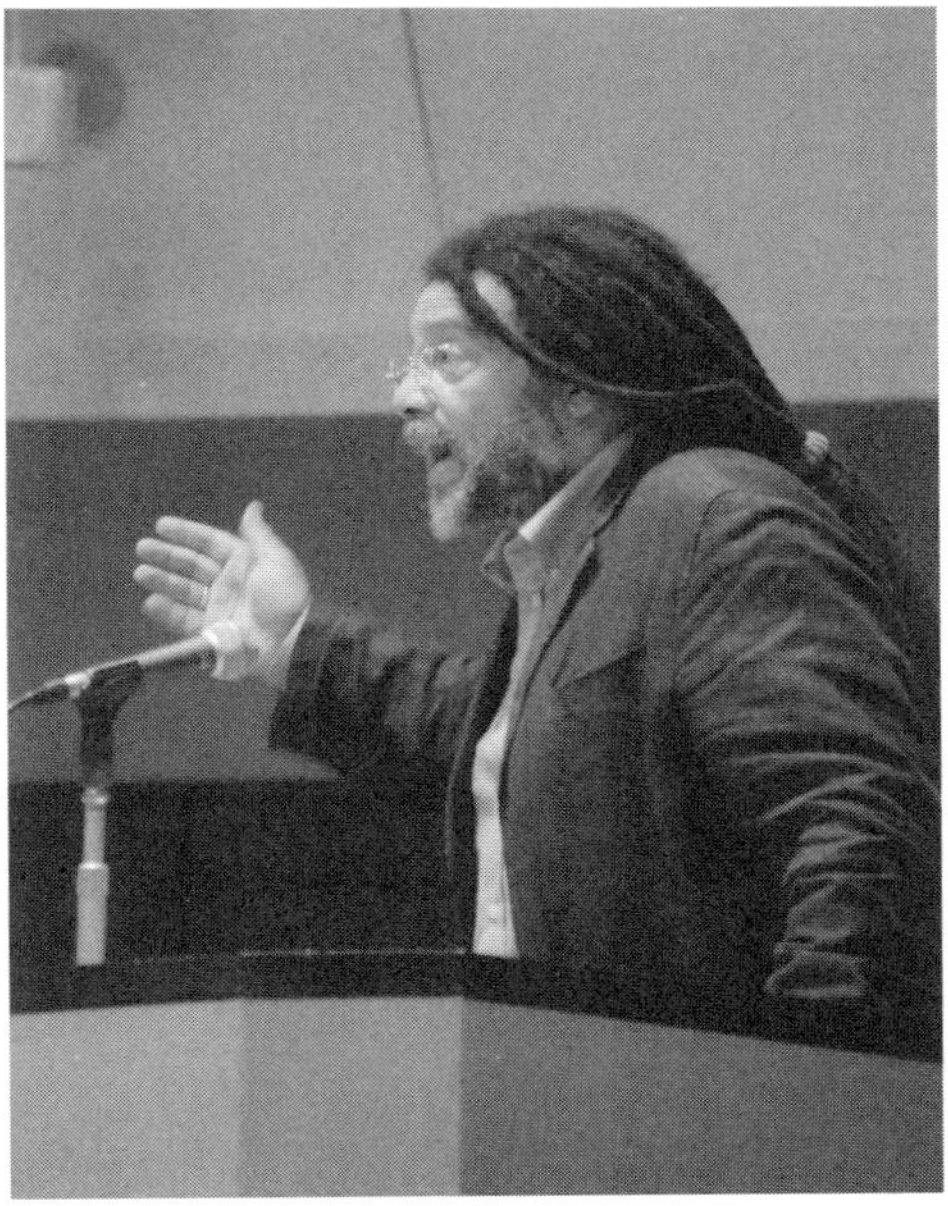

# 黒い大西洋《ブラック・アトランティック》から ポストコロニアルなメランコリーへ

ポール・ギルロイ
聞き手
ジム・コーエン
ジアド・ランガール
箱田徹訳

ポール・ギルロイ――その名前はフランスでようやく広まり始めたところだ。だが英米圏のアカデミズムではすでにかなりの知名度があり、英国のカルチュラル・スタディーズの最重要人物のひとりである。著書には『ブラック・アトランティック』（一九九三年）[★01]、『人種に抗して』（二〇〇〇年）[★02]、『ポストコロニアルなメランコリー』（二〇〇五年）[★03]があり、文化、人種差別（レイシズム、人種主義）と反人種差別、ポストコロニアル状況をめぐる近年の主要な論争に、強い影響を与えている。

ギルロイは米国イェール大学教授を経て、二〇〇五年からロンドン・スクール・オブ・エコノミクス教授に就任。二〇〇七年春にはラテンアメリカ高等研究所（ＩＨＥＡＬ）の招きでパリを訪れ、フランスの読者と初めて対話する機会を持った。今回のインタビューはその際に行われたものである。

**ムーブメント（以下Ｍ）**　ギルロイさん、まず個人史についてお聞かせいただけますか。どのような経緯で、ポピュラー・カルチャー、音楽、〈人種〉概念、黒人文化、ハイブリディティ、イギリス人らしさについて関心をお持ちになったのでしょうか。

**ポール・ギルロイ**　私は一九五六年生まれの五十一歳です。生まれた当時、両親は結婚していませんでした。父は元々共産党員でしたが、この年に離党しています。母はガイアナ出身で、何かにつけてうまくいかなかった。母国では教師だったのに、英国に来てすぐには就職口がなかった。外国人扱いされたせいですね。教壇に立てるまでの何年かは仕方なく家政婦をやっていました。そういうわけで、私は家で本に囲まれて育ちました。隣の子が一番の幼友達で、その子の家は、母がフランス人、父はアルジェリア人でした。こういう状況はロンドン子の典型のようなもので、私の住む世界の一部になっています。

大学にはなかば当然と思って行きましたが、当時は音楽にも入れこんでいたので（私はギターを弾きます）、真面目に勉強する気はさほどありませんでした。文学部に入ったものの、辞めようかとも思っていました。そんなある日、指導教授から呼び出しを受けてこう言われたんです。「この二冊を読んでみるといいよ。フランツ・ファノンの『地に呪われたる者』[★04]と、C・L・R・ジェイムズの『ブラック・ジャコバン』[★05]だ。その次はレイモンド・ウィリアムズがお勧めだ

★01　Paul Gilroy, *The black Atlantic: Modernity and Double Consciousness*, Cambridge:Mass.: Harvard University Press, 1993.（ポール・ギルロイ、『ブラック・アトランティック：近代性と二重意識』、上野俊哉ほか訳、月曜社、2006 年）

★02　Paul Gilroy, *Against Race: Imagining Political Culture beyond the Color Line*, Cambridge, Mass.: Belknap Press of Harvard University Press, 2000.（『人種に抗して：肌の色による分断を乗り越えて政治文化を構想すること』、未邦訳）なお以下の書名でも出版されている。*Between Camps: Nations, Cultures and the Allure of Race*, London: Allen Lane, 2000.

★03　Paul Gilroy, *Postcolonial Melancholia*, New York: Columbia University Press, 2005. なお以下の書名でも出版されている。*After Empire: Melancholia or Convivial Culture?*, London: Routledge, 2004.

★04　フランツ・ファノン、『地に呪われたる者』、鈴木道彦ほか訳、みすず書房、1996 年。

ね」。この出来事がきっかけで大学に残って研究することになったのです。でも当時の私には、政治活動の方がずっと重要でした。というのも私の学生時代には、私のような出自の人間が大学教員になることなど考えられませんでしたから。その可能性はまったくなかったんです。だから私たちにとって研究をすることは、政治運動の一つの在り方となっていたのです。

大学院ではジャマイカ出身の研究者スチュアート・ホールに師事しました。彼の率いるバーミンガム大学の現代文化研究センターが、学際的で、共同研究を重視するユニークなところだったからです。たとえば、所属する学生たち自身が入学希望者を面接するのです(もちろん本来はやってはいけないのですが)。

センターに入った学生たちからは、研究は一人でやるものだという思いこみが次第に薄れていきました。単位をとるためには、個人研究だけでなく、他の学生と共同研究をしないといけませんでしたからね。そして一九八二年、私に『帝国の逆襲』★06という論文集に寄稿するチャンスがめぐってきました。そこに書いた論文は、スチュアートの本に大きな影響を受けています。その本というのは、彼が他の研究チームと一緒に寄稿した一九七八年の論文集『危機を管理すること《ポリシング》』★07のことです。この本では、英国がサッチャー登場以前の一九七〇年代に経験した変化と、ポピュリスト的な人種差別の形成が考察されています。なお執筆者たちは、活動家としての現場経験に基づいて論文を書いています。

英国にはじめて移民が大量流入したのは第二次大戦後のことです。このときの移民はとてもおとなしい人々だと考えられていました。犯罪をするのではないかと疑われることなどみじんもなかった。それどころか、法を尊重する立派な人々だとか、「ヴィクトリア朝的」振る舞いが板についた人々だというプラスの評価を受けていたのでした。しかし移民の人口構成が変わっていくにつれ、国家の側——ここでは警察・法・裁判所・刑事司法・矯正制度などのことですが——は、移民の子どもたちを治安撹乱要因のひとつと数えるようになります。

『帝国の逆襲』の核にある考え方とは、常識のなかにある人種差別的な表象が、

★05　C・L・R・ジェームズ、『ブラック・ジャコバン：トゥサン=ルヴェルチュールとハイチ革命』、青木芳夫監訳、大村書店、2002年。

★06　Centre for Contemporary Cultural Studies, *The Empire Strikes Back: Race and Racism in 70s Britain*, London : Hutchinson in association with the Centre for Contemporary Cultural Studies, University of Birmingham, 1982.（『帝国の逆襲：70年代英国の人種と人種差別』、未邦訳）

★07　Stuart Hall, et al., *Policing the Crisis: Mugging, the State, and Law and Order*, London : Macmillan, 1978.（『危機を管理《ポリシング》すること：マギング、国家、法秩序』、未邦訳）。なおスチュアート・ホールについては同書に収録されたテキストの一部と、1990年代の論文をまとめたフランス語のアンソロジーが出版されている。Stuart Hall, *Le populisme autoritaire, puissance de la droite et impuissance de la gauche au temps du thatcherisme et du blairisme*, Paris: Éditions Amsterdam, 2007.

権威主義的ポピュリズムを形成するうえで重大な役割を果たしているというものでした。この〈権威主義的ポピュリズム〉という概念は、スチュアート・ホールが展開したものです。『国家・権力・社会主義』★08で知られるプーランツァスからヒントを得たのでしょう。当時の私たちが好んで取り上げた思想家のひとりでした。ただ彼がギリシア共産党の活動家であったことについては、かなり右派的だなという印象を持ちましたけどね（笑）。

この『帝国の逆襲』は、ある種の政治経済的な危機が起き、それへの全般的な対応が分節化されていく過程で、人種という観念がどのように用いられるのかを考察しています。ここでいう危機とは「グラムシ的」で恒常的な危機状況のことでして、そこでは人種差別が危機を確たるものとして意識させるのです。言い換えれば、私たちは人種差別それ自体を、特定の社会関係が構成されていく際の中心的な問題として捉えたのです。私たちはこの時点でエドワード・サイードの『オリエンタリズム』★09を読んでいませんでしたし、ミシェル・フーコーもよく知りませんでした。したがって自分たちなりの情勢分析の方法を編み出していたわけです。

私が初めて指導教員のスチュアートに研究内容を説明したときのことが思い出されます。当時の私はとてもシャイで、自信なんて少しもありませんでした。「人種差別をどう定義されておられるのですか」と尋ねたものの、その質問をするのにも勇気を振り絞らないといけませんでした。大学院のそれまでの三年間で私はほとんど口を開かなかったのですから。こう言われました。「そんなに難しいことをあえてやるつもりはまったくないね」。

ともかく私たちは、人種概念に関する認識を深めていく方向で『帝国の逆襲』を編集しました。作業の出発点はC・L・R・ジェイムズ、そしてもちろんファノンでしたが、大西洋世界に関する歴史研究もありました。これは今に至るまで私の立脚点になっています。たとえば、ロジェ・バスティード[★10]のブラジル研究や、カマウ・エドワード・ブラスウェイト[★11]のジャマイカのクレオール化についての研究です。

当時、スチュアート・ホールはパリのユネスコ本部から研究を委託されていて、メキシコのロヘル・バルトラなどラテンアメリカの社会学者や人類学者とのネットワークを作っていました。もちろん私の研究にはそうした方面からの影響も

★08　ニコス・プーランツァス、『国家・権力・社会主義』、田中正人・柳内隆訳、ユニテ、1984年。

★09　エドワード・サイード、『オリエンタリズム』上下巻、今沢紀子訳、平凡社ライブラリー、1993年。

★10　フランス出身の社会学者・人類学者（1898～1974）。

★11　バルバドス出身の詩人・カリブ研究者（1930～）。ニューヨーク大学教授。

あります。

スチュアート・ホールはユネスコのために、ディアスポラに関する論文「アフリカはディアスポラ状況の下で生き生きとたくましく生きている」[★12]を書きました。「アフリカのディアスポラ」という言葉を学問の世界で耳にしたのはこれが初めてでした。音楽やポピュラー・カルチャー、ラスタファリを通して知っていた言葉でしたが、社会学の概念として構築したのはこの論文が初めてでしょう。スチュアート・ホールこそが、こうした共同研究者たちとの対話を経る中で、この問題に私の注意を向けさせてくれたのです。

**M**　フランスでは、多くの人はあなたのことを、唯一の訳書（それも原著から十年後の刊行でした）『ブラック・アトランティック』を通してしか知りません。この本であなたは、カルチュラル・スタディーズが往々にして作り出している本質主義的黒人文化観と、〈黒い大西洋《ブラック・アトランティック》〉という概念とを対比させています。〈黒い大西洋〉とは国家横断的で、アフリカのディアスポラと外延を同じくする公共空間であり、奴隷時代以降の様々な黒人文化が生成し、混交する場のことです。また同時に西洋近代に対する支配的な見方への厳しい批判でもありますね。今日、政治空間としての〈黒い大西洋〉には何が残っているのでしょうか。

**ギルロイ**　この本を書いたとき、技術的な環境が今とは違っていました（たとえば電子メールはまだ使っていませんでした）。〈グローバリゼーション〉という語も用いていません。カール・シュミットの『大地のノモス』[★13]も、エンリケ・デュセルの『南北アメリカの発明』[★14]も読んでいませんでした。『オリエンタリズム』のような本を書こう、他の分野でも使えるようなアプローチを提示しようということだけをひたすら考えていたのです。

私たちが使う言語では、特にフランス語や英語がそうですけれども、文化（カルチャー）という概念は大地・農業・土地と深く結びついており、海洋や船舶、商業が文化《カルチャー》＝耕作の舞台として捉えられることはありません。文化は陸から始まるもので、あとは隙間だというわけです。私はこういう考え方に反対しているのです。

歴史を振り返ってみましょう。私の住むロンドンという街はかつて大英帝国の頸動脈でした。十八世紀末のことで

---

★12　Stuart Hall, "Africa is Alive and Well and Living in the Diaspora," UNESCO, Paris, 1975.

★13　カール・シュミット、『大地のノモス：ヨーロッパ公法という国際法における』、新田邦夫訳、慈学社出版、2007年。

★14　Enrique Dussel, *The invention of the Americas: Eclipse of "the Other" and the Myth of Modernity*, (tr. Michael D. Barber), New York: Continuum, 1995. デュセルはラテンアメリカの哲学者（1934〜）。

すが、行政学が登場する国家財政上のきっかけは何よりも英国がカリブ海に権益を持っていたという事実でした。ジェレミー・ベンサムで有名な〈パノプティコン〉〔一望監視方式〕は、弟のサミュエルがロシア海軍の造船技術の監督役だった時に考案したものです。彼はその後英国に戻り、帝国海軍の造船所で技術管理職に就きます。したがってロンドンという街、英国という国、大英帝国という植民地世界——英国の近代といってもいいでしょうが——は結びついているのであり、この結びつきによって英国の国家形成プロセスが浮き彫りになるのです。しかもこの話はヨーロッパというこじんまりした枠にとどまるものでもありません。というのも、このプロセスは国家横断的であり、かつ大元のところでは奴隷制を通して海洋と結びついた形をとっているのですから。

十八世紀の話を続けましょう。オローダ・エキアーノ（グスタヴス・ヴァッサ、一七四五～一七九七）という人物がいます。現在のナイジェリアで生まれ、英国の奴隷制廃止に功績のあった有名な活動家です。エキアーノは一七六三年に解放奴隷となった後も、船上の荷卸し作業中に捕らえられ、再び奴隷にされかかる経験などをしたため、最終的には英国に米国から船でやってきます。英国に上陸すれば、亡命を申請できることを知っていたからです。マンスフィールド卿の一七七二年の裁定によって、イングランドにいる奴隷は庇護され、自由の身となった人々を拘束して再び奴隷とすることは禁じられていました。

話が前後しますが、エキアーノは一七五四年に英国海軍の軍人に売られ、次に商人に転売されました。そしてアメリカ大陸に戻り、カリブ海の島々とフロリダ・キーズ諸島を行き来してお金を貯め、最終的に自分を主人から買って自由になります。この間に九年もの歳月を要することになりました。

こうしたことを踏まえたとき、私たちが考えなければならなければならないのは、ピーター・ラインバウが〈ヒドラルキー〉と呼ぶ、海の権力システムでしょう。[★15] 一連の錯綜する問題を考える上で、この概念は格好の糸口になります。治安と秩序を維持するための学問、賃労働者、それに帝国海軍を横断して、大英帝国の権力の生産を分析することができる概念ですからね。

政治活動家時代の学習が役に立ちましたよ。ある新左翼組織で活動していた時期に、皆で賃労働の歴史を研究し、それが造船所で考案されたことを学びました。そしてまた賃労働が、権力の諸形態の生産に

★15 Peter Linebaugh and Marcus Rediker, *The Many-Headed Hydra: Sailors, Slaves, Commoners, and the Hidden History of the Revolutionary Atlantic*, Boston: Beacon Press, 2000.

加わったポピュラー・カルチャーから生まれたことも理解しました。〈黒い大西洋〉というアイデアは、このようにして私の中に芽生えていったのです。

**M**　今もなお〈黒い大西洋〉は存在しているとお考えですか。

**ギルロイ**　いいえ。〈黒い大西洋〉はボブ・マーリーの死と共に、つまり一九八一年に終わったと思います。それは、アフリカへの回帰を呼びかけるエチオピア主義（ラスタファリアニズム）の終わりであり、イスラムへの改宗を呼びかける動きの始まりでした。私はこの傾向によってアフリカ志向が加速するかと思っていましたが、実際には違いました。テクノロジーもまた〈黒い大西洋〉の終わりに一役買っています。音楽は中心的な役割をもはや果たさなくなっている。確かに音楽そのものはまだ存在しています。私も消滅したとは考えていません。しかし以前のような役割を果たさなくなったことは確かです。デジタル化された音楽とＭＴＶ的な世界によって、黒人文化の想像力への関わり方は以前とは違ったものになったということです。〈黒い大西洋〉という考え方は南北以上に東西の軸に支配された政治地理学の中で機能していると言ってもいいかもしれません。

またディアスポラという観念が普通に使われるようになったことも関係しているでしょう。昔は、ディアスポラという言葉が話題に上ることは、今と比べればほとんどありませんでした。でも今では広く用いられるようになっています。じっさい「移民」の代わりに「ディアスポラ」という表現を使う機会が増えてさえいるのです。したがって今日的な課題とは、キューバのグアンタナモ湾を含めた〈黒い大西洋〉の地図を作ることでしょう。キューバこそ、スペイン、キューバ、米国が一八九五年から一八九八年まで戦争をした際に、政治技術としての強制収容所が生まれた地でした。もっとも現在知られている米軍のグアンタナモ強制収容所よりもずっと以前の話です。

ですから、統治の植民地的なあり方を、私の言う意味での〈黒い大西洋〉のプロジェクトとの関係で考えていくアプローチが求められているのです。『ブラック・アトランティック』がもう死んだ著者の本で、本が独自の生を生きるようになっていれば、私もずっと気楽にそうできるんですがね。しかし、ことはそう簡単ではありません。グアンタナモ湾と、第二期ブッシュ政権の国務長官であるコンドリーザ・ライスを、新しい〈黒い大西洋〉の地図に書き込まないといけないからです。果たしてそうした地図が書けるものなのかどうか。そのためにはアフリカ系米国人に、ヨーロッパ黒人のように、この世界に参加するかどうかを決めてもらわないとならない。しかし私が米国に住んでいたときに感じたのは、アフリカ系米国人はまずもって米国人であることを望んでいるということでした。

**M**　アフリカ系米国人がこぞってコンドリーザ・ライスになりたいと考えているとは思えないのですが。

**ギルロイ**　もちろんそうですよ。でもアフリカ系米国人は、アフリカとの絆を強めることを強く望んでいるわけでは必ずしもない。驚くべきエピソードをお話しします。私が英国に戻る前になって最後にしたことの一つは、米国深南部のアラバマ州やミシシッピ州に長期滞在したことでした。昔の音楽仲間たちが住んでいたからです。そこでは一九六〇年代の先鋭的な黒人解放運動だったフリーダム・ムーヴメントの活動家たちが、自分をコンドリーザ・ライスに投影しているんです。自分を共和党員だとは考えていなくても、ライスを自分たちの代表のように感じているのです。彼女はバラク・オバマ――彼は父親がケニア人で、母親は白人です――とは違う。ライスは「アラバマっ子」というわけです。アラバマには、かつての一大産業だった綿花畑はもうありませんが、代わりにメルセデスの

4WD製造工場があります。そして州最大の街バーミングハムからタスカルーサにかけては、移民に対するお決まりの差別的な言説があり、黒人も白人と同じようにヒスパニック系住民を差別している。したがって〈黒い大西洋〉が今もなお続いていると気軽に言える情勢ではまったくないと考えています。

**M**　今日、フランスもまた、独自のポストコロニアルな変容を経験しています。つまり、植民地主義の過去と「ポストコロニアル」な現在とをどう一続きのものとして捉えればいいのか、たいへん苦労しています。植民地主義と今日との連続性という問いについてはどうお考えですか。

**ギルロイ**　私の中でずっとためらいがあったのは、英国の都市部で起きていることを、植民地主義の延長、ある種の〈国内植民地主義〉として分析することでした。アフリカ系米国人の書いた本を読むと、この〈国内植民地〉という考え方をよく目にしました。かれらは十八世紀の米国の独立運動指導者の著作にヒントを得て、自分たちの社会にこの考え方をあてはめ、過去の植民地状況と現状とを比較していました。運動のなかで、人々は警察から暴行を受けたり、リンチされたりしている。ということは、法のあり方の内部に、過去の、つまり植民地の伝統と強く結びついたやり方で、警官が振舞うことを許す何かがあると言えるんじゃないか、といった具合にね。じっさい暴力をふるう警官たちは、帝国主義の時代を知っていたわけですから。

しかし今日では状況は変わりました。たとえば窓から外を眺めれば、暴行をはたらく黒人警官の姿が目に入るでしょう。もちろん黒人警官そのものは植民地時代にも存在していました。でも今では、警察に就職しないことが政治的スローガンの一つです。長い間、黒人警官はごくごくわずかだった。わざわざ警官になろうなんて誰も思いませんでしたから。確かにC・L・R・ジェイムズは、私たちにこぞって警官になるべきだと勧めていました。警察内部での人種差別は解消されているし、何も心配することはないと言っていました。でも実際は誰もならなかった。

現在ではどうでしょう。たとえば、あなた方が英国に非正規に入国して、警官に嫌がらせと暴行を受け、怪我をしたとしますよね。その場合、暴力を振るった警官は植民地出身者である確率が高い。こうした暴力行為の原因を、植民地世界の論理、すなわちはっきり二分割されたマニ教的世界に還元することはできません。今日の世界はもうそんなことにはなっていないと思います。

**M**　ということは、あなたにとっては「ポストコロニアル」の「ポスト」が重要だということになりますか。

**ギルロイ**　そうです。少し補足しましょう。私が住む地区は、フランス本土から逃げてきた黒人フランス人の若者たちであふれています。何から逃れたいのか、私たちにはよくわかります。多文化状況——これは実際に存在していますし、私は擁護しますが——は、それを目指す実践によって作られるものですが、同時に多くの偶然的要因にさらされています。権力がどうにかできるようなものではない。

**M**　最新作の『ポストコロニアルなメランコリー』はまだフランス語に訳されていません。この〈ポストコロニアルなメランコリー〉という概念についてご説明いただけますか。

**ギルロイ**　本日、私は新しいパリを発見しました。これまでは車ではなく、地下鉄を使っていたせいですかね、車窓からだとこの街は違って見えます。人々の間のたくさんの交わりが目に入ってきます。可視化の仕方が重要な問題なんです。多文化主義は死んでいないと思います。それは自明で平凡なものです。今日では相当数の人々が多言語状況で生活し、複雑な経済ネットワークの中で労働しており、そうした人々にとって多文化主義とは生活の構成要素の一つなのです。

**M** すでに一個の社会的事実になっている、と?

**ギルロイ** ミクロなレベルではそうです。私が外出するとしましょう。車がパンクしていればエジプト人の店に行って直します。車に使う電気関係の部品がほしければ、キプロス人かトルコ人の店に行きますね。警察に提出するために、偽の車検証がほしければ……、さて、どこに行きましょうか(笑)。多文化主義を構成する小規模な経済活動はたくさんある。しかもそれはごくごく普通のことなのです。これをとらえて「すごいじゃないか。とても円滑なコミュニケーションが存在している」なんて誰もわざわざ言いませんよ。お金と引き換えに日常的な問題が処理されていくだけのことですから。車の修理をしてもらい、誰かに子どもの面倒をみてもらい、また別の誰かに子どもを学校に迎えに行ってもらう……こうしたもろもろのことが複雑な仕組みによって動いているのです。

**M** 多文化状況が存在するために特別の行政機関などいらないということですね。

**ギルロイ** ええ、まったく必要ありませんね。私は定期的に病院で血液検査をしています。部屋には四十人くらいの人がいて、二十五の言語が話されています。病院スタッフも世界のあちこちから来ています。つまりどういうことかというと、そこには制度的、経済的、人類学的な様々な場で、持続性のある多文化状況を作る諸要素を見出すことができるということです。この多文化状況を持続させ、活力を与えていくためには、私たちは植民地という自らの過去を引き受けなくてはならないでしょう。英国でも他のヨーロッパ諸国でも、これに激しく抵抗する動きもあるわけですが。

多文化主義を健全なものに保つためには、過去に関する記憶と、まだ開いたままの植民地時代の傷口についての考察ができなくてはいけません。フロイトが言う意味での記憶の作業について深く考える必要があるということです。私はかつて、フロイトから出発し、ドイツでの脱ナチ化のプロセスを分析した社会心理学者たちに強い影響を受けましたが、なかでも『喪われた悲哀』[16]の著者であるミッチャーリッヒ夫妻に感銘を受けました。〈喪〉〔＝悲哀〕は流行の概念ですよね。米国では「喪研究」の学位が取れるくらいです。喪はトラウマ〔心的外傷〕の次の段階ですから、そういう意味では米国人は今、こぞって喪の段階にあるということになるでしょうか。それはともかく、夫妻の研究で興味深かったのは、ドイツ人は過去を引き受けることができず、それに囚われたままだという点と、さらにそれはドイツ人が自らをナチ・システムの最初の犠牲者なのだと考えてしまうためだという点の二つです。

ここから直ちに連想されるのは英国人の状況です。英国人もまた自分たちのことを自らの帝国史の犠牲者だと考えているからです。修正主義の立場をとる歴史家は相次いで著作を出しています。たとえばハーヴァード大学のニーアル・ファーガソンや[17]、プリンストン大学のリンダ・コリーです[18]。なるほどこうした人々は「戦争には反対だ、アメリカ帝国主義にも反対だ」と言ってはいます。しかし、コリーの著作『虜囚たち』[19]（二〇〇二年）には、先住民に捕らえられた英国人のことしか出てこないのです。ちなみに彼女はブレア政権のお気に入りで「英国らしさの持つ意味」についての権威です[20]。

帝国史を修正主義的に捉える歴史家は、自分たちが本を書くことができるのは、帝国が今日再来しているからだと考えています。このことはイラクを中心とするメソポタミア地域やアフガニスタン、パキスタン、それにもちろんアフリカの一部で発生している事態のいくつかについて、植民地があったときのほうがものごとはうまくいっていたなどと言う人間がいる事実と切り離せません。ロバート・クーパー[★21]というインテリ外交官――ハビエル・ソラナ[★22]の下で働いていますが――このクーパーこそ、当時首相だったトニー・ブレア

★16　アレクサンダー、マルガレーテ・ミッチャーリッヒ、『喪われた悲哀：ファシズムの精神構造［新装版］』、林峻一郎ほか訳、河出書房新社、1984年。なお、原題を直訳すると『喪の不可能性：集団行動の諸原則』。

★17　歴史家（1964年〜）。近著に『憎悪の世紀：なぜ20世紀は世界的殺戮の場となったのか』、仙名紀訳、早川書房、2007年。

★18　歴史家（1949年〜）。邦訳書に『イギリス国民の誕生』、川北稔訳、名古屋大学出版会、2000年。

★19　Linda Colley, *Captives: Britain, Empire and the World 1600-1850*, London: Jonathan Cape, 2002.（『虜囚たち：1620年〜1850年の英国・帝国・世界』、未邦訳）。

★20　ギルロイが批判するコリーの見解は、たとえば1999年12月8日に、ブレア首相（当時）夫妻主催の「ミレニアム・レクチャー」シリーズで行った「21世紀の英国人らしさ」という講演にうかがえる。話の全体は、国内外の情勢の変化を踏まえると、英国は市民権を基本とした、世界に対してオープンな「市民国家」を目指すべきだというものだった。しかし、領域や民族ではなく市民権を基本とする国家というイメージは、帝国主義を想起させるものであり、過去の歴史の評価という問題と切り離すことはできない。この点でコリーは、懐古的な歴史観と同様に、帝国主義の過去を「過度に弁解がましく、きまり悪そうに」捉えることも建設的ではないとした上で、過去に対する「より健全で、より包括的で、よりダイナミックな見方」をとる必要を唱える。本人はこうした立場を「修正主義」と呼ぶ。以下を参照。Linda Colley, “Britishness in the 21st Century,” Millennium lectures, 8 December 1999, at http://www.number-10.gov.uk/output/Page3049.asp

にあれこれ妄言を吹き込んだ張本人です。

帝国の再来をもたらした諸条件は〈ポストコロニアルなメランコリー〉の一部でもある。なぜなら、それが意味するのは、旧植民地本国の人々が過去を引き受けられていないという事実だからです。しかしアフガニスタンやイラク、パキスタン、メソポタミア地域の人々は、過去の出来事を知っています。現地の新聞にカール・マルクスがかつて書いた記事が掲載されていて、それを読んだから知っているのではなく、記憶というのはまさしく受け継がれているのです。しかしそこには欠落や飛躍があります。私たちは情報戦争の中を生きているのに、私たちの側でたたかう人々が過去に関する情報をまったく持っていない。すべてはつながっているのです。生きた多文化主義は、帝国の記憶についての作業から切り離せないのです。

フランスで今起きている議論と結びつけてみましょう。帝国の歴史を教科書にどのように記述するかという問題は、フランスだけでなく英国や日本でも生じています。これはコスモポリタンな歴史であって、それをどのように語るのかという問題なのです。これがメランコリーの問題でないと証明するには、今日まで行われてきたよりもまっとうなやり方で問題を解決してみせることでしょうね。

**M** コスモポリタンな問題だとして、では世界大の解決法があると考えますか。

**ギルロイ** 今のところそうした形での議論はまったく行われていません。それどころか今日では、ナショナル・アイデンティティの管理が強まり、情報が飽和する新たな政治環境のなか、識字率の急激な低下があり、教育制度の崩壊が存在するという現実があります。とはいっても、これを言い過ぎるのもどうかと思います。だからこそ大学教育が必要なのだ、と考える右翼的な陣営に与してしまうことにもなりかねませんからね。じっさい大学だけではなく、教育制度全体を考えないとダメだと思います。これら一連の問題の重要度をこれほどまでに高めている現在の情報戦争は、ある種の政治システムの働きによって醸成される無知の文化とも結びついているからです。

★21 英国の元外交官。在職時に論文「ポストモダン国家」(2002年)を発表。ＥＵによる他国への軍事介入を一定の条件の下で擁護する〈新たな自由主義型帝国主義〉を主張し、大きな議論を呼ぶ。この論文はＥＵの安全保障政策にも影響を与えた。著書の日本語訳には次がある。『国家の崩壊：新リベラル帝国主義の国家秩序』、北沢格訳、日本経済新聞出版社、2008年。
★22 スペイン出身の政治家(1942年〜)。ＥＵの共通外交・安全保障政策(ＣＦＳＰ)上級代表、ＥＵ理事会・西欧同盟事務総長。1995年〜1999年にＮＡＴＯ事務局長を務め、現在もＥＵ外交と安全保障政策の指導的立場にある。70年代前半以来のスペイン社会労働党幹部。

この〔二〇〇七年〕六月にゴードン・ブラウンが英国首相に就任しました。ブラウンは多くのアフリカ人に会って、こう言われたと言っています。「英国は、自国の帝国主義の過去について謝罪するのを止めてもよい時期だ」。私のような文芸批評あがりからすれば、ブラウンがこうした発想の責任を話相手であるアフリカ人に負わせる理由が気になります。じっさい首相は「英国は、自国の帝国主義の過去について謝罪するのを止めてもよい時期だ」と言うだけでは足らず、「多くのアフリカ人が言っている」と頭につけています。このような責任の転嫁は、問題のあることを示す症候の一つではないでしょうかね。英国人が植民地時代の過去について謝罪するのを聞いたことなど私は一度もありませんよ。英国人にとって、自分たちに謝罪すべき過去があるのではないかという考え方自体が失笑ものなのです。いいですか、謝罪なんてこれまで一度も行われていないのです。もし本当の意味での謝罪があったなら、私たちの世界は違っているはずなのです。もし植民地時代の過去をはっきりと認めているのなら、記憶の作業があるはずですよね。

**M**　社会学者のスタンリー・アロノヴィッツ[★23]を筆頭に、多くの批評家が、『人種に抗して』であなたの試みはユートピア的だと評しています。大きなレベルで人種概念と本当の意味で訣別するために必要な社会的諸力は、現実には存在していないからだというのがその理由です。

**ギルロイ** そんな力はスタンリーが住んでいるところにはないでしょう。私の本に対する彼の批評はとても心のこもった温かいものでしたよ。でもね、問題は、彼がマンハッタンという人種的なノモスに住んでいることなのです。当たり前すぎますが、あそこにそんな社会的諸力はないわけです。しかしうちの周りにはありますね。日常生活の一部ですよ。

**M** ニューヨークは多文化都市ではないと?

**ギルロイ** 建物を一軒一軒回ってみればいかがですか。ここはプエルトリコ人、向こうはドミニカ人、あっちはノース・カロライナ出身のアフリカ系米国人で、そっちはミシシッピ出身のアフリカ系米国人で、こっちの方はポルトガル人で……といった具合でしょう。

---

★23 米国の社会学者・政治活動家(1932〜)。ニューヨーク州立大学名誉教授。近著『左翼的転回:新しい政治的未来を形成するために』(2006年)。ここで踏まえられている書評は次のもの。Stanley Aronowitz, "Misindetity Politics," *The Nation*, November 6, 2000.

**M**　マンハッタンでは、アイリッシュ・パブで、カリブのダンスのメレンゲを踊ることもできますが……。

**ギルロイ**　それはそうですよ。でも、ニューヨークの街にあるのはアメリカ式のルールに従った多様性です。他所にもあてはまるようなものではありません。特に栄えある植民地主義を彼らが成功させた点は一般化できない。じっさい米国だけがそれに成功したのではないでしょうか。ユートピアについてはこんな話があります。ブレア政権は国政選挙で勝利を収めた後で、人種問題に関する政策決定の参考にしようとアンケートを行いました。ただしその結果は彼らにとって好ましくないものでした。とはいえ労働党は意見を聞く機会を設けて、新法を制定すると公約していました。自分たちは右派とは違うのだ、労働党政権なら状況は変わると主張していたからです。そこで私が、そのプロジェクトに関わっていたノッティング・ヒル・ゲートのお金持ちの家に招かれることになりました。お茶をしながら、今後の見通しについて話をしました。三十分くらい経ったころでしょうか、その女性はこう言いました。「あなたの話は筋が通っていませんね。お話を聞いていると、子どもが書く出来の悪い作文に言うような台詞が浮かんできます。「ちゃんと終わってませんよ、まだできてませんよ」と言いたくなります」。終わってないというのは素晴らしいことじゃないですか。私はエルンスト・ブロッホには強い影響を受けています。特に「まだ訪れない」ユートピアという考え方にね。

これは私が大西洋世界での生活から学んだことであり、音楽とも関わることです。音楽とユートピアの間にあるつながりとは、たとえ見ることも理解することもできなくても、聞こえてくるものがあるところにあります。私はこのことを『ブラック・アトランティック』の最後で「奴隷の崇高」という観念を使って明らかにしようとしたのです。私は喜んでユートピアを擁護しますね。ロマン主義者だという批判にはこう答えます。「愛の交わりが政治を基礎付けて、どこかまずいんですかね」。

**M** 『ポストコロニアルなメランコリー』では「コンヴィヴィアル都市」というモデルを提示されています。これを社会の他の部分にも広げていくことは可能でしょうか。

**ギルロイ** その問いに答えるには、私は社会学者として能力不足かもしれない。それはともかく、このコンヴィヴィアルという概念を、私はポストコロニアルな都市生活の日常を構成する要素の一つとしていますが、それが経済学によって検証されたことはありません。また将来も存在し続けるのかどうかもはっきりしません。ただそのうちなくなってしまう理由もないと思いますが、常に注意が必要な対象ではあるでしょう。反面、コンヴィヴィアルなふれあいがあるところでは、人種差別が存在する可能性があります。じっさい、よく起きてもいるのです。私が住む地区にはかなり多くのポーランド人がいます。過去に大量移住があり、その数は六十万に上りました。これは英国史上最大の移民の受入れです。このポーランド人たちは、第二次大戦のとき戦闘機に乗ってナチス・ドイツと戦うため英国に来た、と自分たちのことを考えています。つまり自分たちの存在を正当なものだと捉えています。そういう彼らが自分たちを「黒人」と見なそうとする理由などありませんよ。私が若いときですが、パブに行くと、黒人のカウンターと白人のカウンターのどちらかに行くかを選ぶことになっていました。黒人とはカリブ出身者で、白人とはアイルランド人のことでした。今ではこの区別はありません。すべてミックスになっていますから。パブに行けば黒人と白人がいて、白人とはアイルランド人か西欧出身者のことです。人種差別はいまだ存在します。しかし今日の人種差別の内部には、それを転倒する手段が存在してもいるのです。人種差別を抑制するリソースです。社会関係資本、〈ソーシャル・キャピタル〉——私のボキャブラリーではありませんが——という考え方を用いるとすれば、現在の横断的な文化には、様々な形態のソーシャル・キャピタルが含まれていると言ってもいいでしょう。

**M**　あなたは本質主義的な人種観を批判されています。それでは、差別に対して有効にたたかうために人種カテゴリーを公然と用いる政治手法は、どう正当化できるのでしょうか。人種を「乗り越える」ことの必要性と、反人種差別闘争の緊急性との間をどう調停すればよいのでしょうか。

**ギルロイ**　英国政府は「人種差別はいけない」ことはわかっている。だが「反人種差別はいい」ということをわかっていないのです。反人種差別運動には、左翼運動と同じくらい長い歴史があります。初期労働運動にまで遡る歴史です。奴隷解放運動でいえば、エキアーノは靴屋のトマス・ハーディ★24と一緒に活動していました。このハーディはロンドンの中心部に住んでいて、一七九二年に初の労働者組織である「ロンドン通信協会」を立ち上げています。こうした

★24　政治活動家（1752 ～ 1832）。同名の作家とは別人。

闘争の歴史は、反奴隷制闘争からスタートし、フェミニズムのたたかいの歴史を経由して、十九世紀に社会主義者たちが先住民の保護の必要性を唱える事態にまで至ります。一般的な関心を引くことではありませんが、少なくとも二百年の相互交流の歴史があるのです。

この二十五年来――私にとっては『ユニオン・ジャックに黒はない』（一九八七年）[★25]を著わしてからの期間とおおよそ重なりますが――反人種差別運動がはっきり顕在化してきました。こうした動きの最初は一九七六年のイベント「ロック・アゲインスト・レイシズム」だと思います。当時はエリック・クラプトンやデヴィッド・ボウイなど誰もが人種差別的な発言をしていました。しかしこのイベントのおかげで、人種差別は「クール」じゃないことになったのです。これは大きな成果でしたよ。反人種差別の活動家は政治権力の外部から出てきた人たちですが、この後になると、今度は反人種差別の文化を地方レベルで国家装置の内部に持ち込んでいきます。しかしこの流れは、一九七〇年代末のサッチャー政権の登場によって切断されてしまいます。

つまり人種差別はまんまと生き延びてしまったのです。二〇〇五年七月にロンドンで連続爆弾事件が起きたとき、英国政府は次のような発表を行いました。すなわち、現在私たちはロンドン大空襲のような危機的状況を迎えている。第二次世界大戦のように、私たちはいま再び、爆撃を逃れるため地下に避難する国民になった。しかし私たちはタフなのだ。これまでどおりお茶を楽しむ国民なのだ――ということです。こうした表現が暗にほのめかしているのは、私たちは黒人のいない世界、単純な世界、国内に外国人のいない世界にタイム・スリップしたというメッセージです。しかしこれに並行して、ロンドン市長〔当時〕ケン・リヴィングストンはまったく違うメッセージを発信していました。すなわち、私たちの街は世界都市である。私たちは世界市民であり、世界各地から集まって暮らしている。第二次世界大戦のさなかの人々と私たちとはもはや別の存在なのだ。私たちは変わったのだ――こうした趣旨のことを述べていたのです。ここでは同じ出来事についての二つの語り、二つの分析が拮抗しています。一つはナショナリスティックで人種差別的な語りであり、もう一つはコスモポリタンで、おそらくユートピア的な文化の刻印をもつ語りです。このとき政治的反人種差別が構築されたのです。しかし私は、それが過度に国家主義的な傾向を帯びて、米国的な人種テクノロジーに強く影響を受

★25 Paul Gilroy, *There Ain't No Black in the Union Jack: The Cultural Politics of Race and Nation*, Chicago: The University of Chicago Press, 1987.（『ユニオン・ジャックに黒はない：人種と国家の文化政治』、未邦訳）

けるようになったとき、それを批判するようになりました。とはいっても反人種差別を通して民主主義を強化することも可能です。人種差別はよくないことであり、これと対峙する必要があるだけでなく、大文字の「反人種差別」が政治過程を豊かにし、政治と司法の両面で前進をもたらすのだ――こう政治家たちを説得するのは私たちです。つまり私たちの手によって反人種差別は政治的なことがらになるのです。これは政治以前の問題、すなわち「私たちが共有する感性」といったレベルのことではないし、政治以後の問題、すなわち単なる振る舞い方の問題でもないのです。

**M**　現在フランスでは、差別の実態を把握する目的で、エスニシティや人種というカテゴリーを用いることの是非について論争があります。これについてギルロイさんの意見をお聞かせください。

**ギルロイ**　私が関心を持っているのは人種概念をなくすことではなく、人種差別を終わらせることです。人種差別の廃絶という将来的な展望と、差別を把握するために人種などのカテゴリーを用いることは矛盾しないと思います。確かに米国はこの点で矛盾を抱えています。しかしだからといって、他国でも矛盾が生じる理由にはならないでしょう。私たちが人種差別に反対していることは認知されています。しかし同時に、私たちは自分たちの目標についても自覚的でなければならない。私たちは「人種に関するヒエラルキーのない世界を想像することは可能である」と言えなくてはいけないのです。もしそれができなければどうでしょう。私たちはこんな状況に舞い戻ってしまいますよ。「人種概念は今後も存在するだろう。でもコンフリクトはなくなっていくだろうから、存在してもどうということはない」という状況です。これではユートピアなんてどこにもありません（笑）。

私の場合、人種という観念へのこだわりは、人々が人種差別によって傷つくことがなくなれば薄まっていくでしょう。人種なるものに逆らって行動することはできませんが、政府のやり方の中に現れている、人種差別の制度化されたあり方に抗することはできます。反人種差別闘争はこれまで長い間をかけて展開されてきていますが、他方で私たちは今日〈セキュリトクラシー〉〈安全優先主義〉という新しい問題にも直面しています。移民に由来することがらが、治安問題として語られるようになっているのです。

さていわゆる「エスニック統計」についてですが、人々は好き勝手にエスニシティを名乗ってもいいんじゃないですか。英国では似たような調査が行われたとき「ジェダイの騎士」と申告した人たちがいまして、困ったことになりましたね（笑）。まあそれはともかく、私が首をかしげるのは、この種の統計調査に対し、市民権を引き合いに出して反対することです。そんな風にしか市民権と関われなくなっていくのが共和主義の伝統だとしたら、市民権の系譜を見直す必要があるでしょうね。

**M**　あなたは理論的な仕事の他にも、ポピュラー・カルチャーについての論考を、かなり「大衆的」なものも対象にして、定期的にお書きになっています。たとえばサチャ・バロン・コーエンが演じるアリー・Gについてですとか、英国のラッパー、ザ・ストリーツを擁護するエッセイなどです。ポピュラー・カルチャーは政治的なダイナミズムの発生源となりうるのでしょうか。

**ギルロイ**　アリー・Gは、モンテスキューの『ペルシア人の手紙』みたいなものじゃないでしょうか。十八世紀の啓蒙主義者モンテスキューが示してみせたのは、自らの社会を理解するためには外国人にならないとダメだということでした。モンテスキューはフランス社会を読み解く仕掛けとしてペルシア人を引き合いに出す。この点では現在の私たちより柔軟ですよね。アリー・Gはまったく同じことをやっています。私の友人でもあるジグムント・バウマンは変幻自在なものへの恐怖を〈プロテオフォビア〉と呼んでいます。この言葉を借りれば、アリー・Gは、人種差別をする側のプロテオフォビアを手玉に取っているのです。そもそもアリー・Gがいったい誰なのか。黒人なのか、黒人のふりをしている白人のユダヤ人なのか、よくわかりません。この人物の変幻自在なあり方、そこに体現されている異邦的なもの、本質的な異邦性ということですが、これが十八世紀の人間であるモンテスキューとの橋渡しをしているのです。

アリー・Gのケースから私が導く政治的帰結とは、カテゴリー化の欲望、すなわち誰が誰なのかを知りたいという欲望が問題化されているということです。アリー・Gは他者の文化を盗む白人のユダヤ人〔つまりコーエン自身のこと〕だと受け止められ、多くの人を憤慨させました。彼の話し方は、自分たちのものをパクったもので、しかもこちらをバカにするための芸に使われていると感じられたのでしょう。ここから次のような問いが立つのではないでしょうか。つまり、アリー・Gを笑うとき、変幻自在で風変わりな彼の振舞いを笑うときに、私たちは何を笑っているのか。米国の黒人を必死に真似ようとするその仕草にはついつい笑ってしまうことが多い。そもそもそれがアリー・Gというネタの一番面白いところでしょう。米国の黒人が生まれ育つ郊外がゲットーであるとか、アフリカ系米国人の文化の掟は銃であるとか、そういった発想自体がそもそもアホらしいわけですから。それからザ・ストリーツ〔＝マイク・スキナー〕についてですが、ファースト・アルバムをリリースした後の彼の行動についてはあまり感心しませんね。それを政治的に読解するとしたら、政治的なトーンが放棄されたかのように見えるところ、ここで言えば、音楽に入れ込めば入れ込むほど政治に入れ込まなくなった現状を指摘すべきでしょう。たとえば、人種と政治的立場によって、クラブに行く前にキメるドラッグが違うのだという曲があります。覚せい剤だったり、コカインだったり、あるいはマリファナや、エクスタシーだったりするというもの。そこには存在論的な議論は一切ありません。人種の違いをライフスタイルの違いのようなものとして擁護しているわけです。これは政治の抹消であり、反政治的なものの勝利です。そして、これもまた政治の一形態なのです。私たちの政治文化は現在、バブル期にあるわけですね。中は死んだような状態なのに、外側では実にたくさんのことが起きている（笑）。

## 付記

これはフランスの雑誌*Movements*五一号（二〇〇七年三月）に掲載されたインタヴューの翻訳である。*Movements*は研究者、ジャーナリスト、社会運動家によって広範な社会問題を扱うオルタナティヴ系の左翼雑誌であり、エティエンヌ・バリバール、セイラ・ベンハビブ、マイク・ディヴィス、ナオミ・クラインのような大物から無名の若手の活動家まで、フランス内外からの寄稿やインタヴューを多数掲載している。ギルロイにインタヴューしているのは、パリ第八大学の政治学部で教鞭をとる「親パレスチナのユダヤ人」ジム・コーエンと、環境や反グローバリズムを中心に取材活動を行っているジャーナリストのジャド・ランガールである。本インタヴューの翻訳・掲載を快く許可してくれた*Movements*誌と、編集部との仲介の労を取ってくれたジムに感謝する。（小笠原博毅）

Technics

解説

# 海流という〈普遍〉を航海《ナヴィゲート》するポール・ギルロイ

小笠原博毅

本書第一部に記録されているように、二〇〇七年十月初旬、パートナーのヴロン・ウェアとともにポール・ギルロイが初来日を果たした。神戸大学で行われた国際シンポジウム「ポストコロニアル世界と〈知識人〉――「黒い大西洋《ブラック・アトランティック》」からの声」に、メイン・パネリストとして招聘されたからである。シンポジウムのテーマからわかるように、これはまず始めにポール・ギルロイありきで計画・立案・実行された企画である。しかし、邦訳が出てまだ間もないとはいえ、カルチュラル・スタディーズのパラダイムを大きく転換させ、人文・社会科学を横断して激しい論争を巻き起こした *The Black Atlantic: Modernity and Double Consciousness* が出版されてからすでに十五年を経過したいま、なぜふたたび「黒い大西洋」なのだろうか？　「黒い大西洋」を主題に据えたシンポジムの狙いに則した説明は本書の「まえがき」に目を通していただこう。また、ギルロイの経歴やこれまでの仕事のデータについては大著 *The Black Atlantic* の翻訳『ブラック・アトランティック』[★01]に付された詳細な解説と本書に収められたギルロイ本人のインタヴューを参照していただくこととする。さらに、ギルロイは *The Black Atlantic* 以前に *There Ain't No Black in the Union Jack*（1987）を、以降に既刊論文集である *Small Acts*（1993）、また *Between Camps*（2000）と *After Empire*（2004）の二冊の本を上梓している。また師であるスチュアート・ホールとのコラボレーションである写真集 *Black Britain*（2007）も出版している。しかしここでは、個々の著作を解説し、ギルロイの仕事と思考の全貌をわかりやすく説明することもしない。著作ごとに少しずつ立ち居地を変えているギルロイを跡付けることは不可能だし、そもそも本人が話している現場がこの本で再現されているのだから、そんなことは本人に任せよう。

そのかわりここでは、「黒い大西洋」が、二〇〇七年十月現在において、日本語が圧倒的に支配言語であるこの読書空間で、「現在」を理解する重要な問題系として浮かび上がるプロセスを追っていくこととする。もちろんギルロイが「黒い大西洋」をそれまでとは異なったポストコロニアルな時空間として組み替えてしまったことの衝撃と意味を少しばかり確認する作業だけは、最低限のマナーとして、しておきたいとは思う。そのような倫理的イクスキューズをかざしたうえで、このギルロイとのクリティカルな対話をきっかけに、カルチュラル・スタディーズを創造していく再びのキック・オフとしたい。

## 帝国ホテルにて

ポール・ギルロイは帝国ホテルのラウンジでお茶を飲んでいる。日比谷界隈に特に用事があったわけではないが、このホテルに来て、ロビーに足を踏み入れるのには、ちょっとした意味があったからだ。というのも、彼の来日をさかのぼることちょうど七十年前の一九三七年、アフリカ系アメリカ人の知識人W・E・B・デュボイスが、ドイツ、ロシア、中国、満州をめぐってから日本を訪れた際に滞在したのも、この帝国ホテルだったからである。「紅茶一杯がこんなに高いんだね、ほとんどが

---

★01　ポール・ギルロイ、『ブラック・アトランティック――近代性と二重意識』、上野俊哉・鈴木慎一郎・毛利嘉孝訳、月曜社、2006年。

プレステージの代金なんだな」、などとぶつぶつ言いながら、ギルロイはゆっくり周囲を見渡し、ロビーをはさんでラウンジとはちょうど反対側にあるレセプション・デスクに目をやる。もちろん往時の面影とは異なるけれども、そこがデュボイスがかつて宿泊し、チェック・アウトするために並んだレセプションであると空想してみることにしよう。それは、デュボイスがここで経験した出来事が、ギルロイのこれまでの仕事を理解し、彼が来日したことの意味について考えるためのきっかけになるだろうし、そもそもこのホテルを訪れたのは、その出来事を知ったギルロイが「是非行ってみたい」と言い出したからである。

デイヴィッド・レヴェリング・ルイスは、そのデュボイスの伝記の中で、デュボイスが世界周遊中の出来事をコラムにした『ピッツバーグ・クーリエー』のとある記事を紹介している。★02 東京滞在最終日の朝、帝国ホテルのレセプションでチェック・アウトしようと並んでいたデュボイスの前を、「口うるさそう」な白人のアメリカ人婦人が一人、先に立っているデュボイスの前にサーヴィスを受けようとした。要するに、黒人の客を差し置いて割り込んできたわけだ。しかし当時のアメリカならば当然のことだったかもしれないが、「東京ではそうではなかった」とデュボイスは言う。レセプショニストは彼に対してきちんとチェック・アウトの手続きを済ませ、深々と頭を下げて、ゆっくりとそのアメリカ人婦人に対応したのという。この逸話をギルロイに話したところ、では行ってみようかということで、驚き価格の紅茶を飲む事態となったというわけである。

このデュボイスの「忘れがたき経験」は、意外と知られているようだ。インターネットで「デュボイス、帝国ホテル」などと適当に検索するだけで、何人かの人々のブログにひっかかる。ところが、このデュボイスの逸話が解釈され、意味づけされる方向が、実に一方的なのだ。アメリカ本国では悪名高きジム・クロウ法の対象になるデュボイス。しかし肌の色による差別をしない帝国ホテルの日本人レセプショニスト。デュボイスが帝国ホテルで覚えたすがすがしさは、おそらく嘘ではなかっただろう。まさにデュボイスが感動したとおりにそうではあるのだろうが、多くのブログでの感想がそうであるように、この出来事を参照して、だから日本人は天晴れ、だから素晴らしい、誇らしい、となるのはなぜだろうか。

デュボイスの経験をそう受け取ってはいけない。そのレセプショニストの行為をそう解釈してはいけない。これこそギルロイの一連の仕事が

★02 David Levering Lewis, *W.E.B. DuBois: The Fight for Equality and the American Century, 1919-1963*, New York: Owl Books, 2001, p.417.

教えてくれることなのではないか？　筆者がここで書きたいことは、その一点に尽きる。確かに「いい話」ではあるのかもしれない。にもかかわらず、それはナショナリスティックな感動の物語に回収されはしないし、してはいけない。おそらくこれは、ホテルの従業員がホテルの従業員の仕事として、褐色の紳士に丁寧に接客したというだけの話だ。個々の宿泊客に対してリスペクトを表しつつ対応する。その客の人種、エスニシティ、ジェンダー、階級（当時の帝国ホテルに泊まらせてもらえるだけですでに特定の階級であるということにはなるだろうが）などの社会的カテゴリーとは関係なく平等に扱う。これは一方で、デュボイスその人が示唆したように、反人種差別的な行為にもなりうるだろう。宿泊客という個人としてその人を理性的で普遍的に承認するということだから。また一方で、それがホテルの、それも当代超一流のホテルに勤める人間の当然の仕事だろうという言い方もできるはずだ。チェック・アウトで込み合うロビーでスムースに効率的に、仕事を淡々と進めることはおそらく、仕事として基本である。

一方では反人種差別的な普遍性の具現化として、他方で効率性を追求する官僚的構えの具現化として、このような二つの一見異なるヴェクトルが一つの行為の中に混在していると考えることができる。この共存しつつも分割された現象形態こそがモダニティの発露そのものであり、それを国民国家や人種というふうに区分される特定の人々だけに固有の経験として特殊化し、その特殊性を〝文化〟として賞賛したり蔑んだりするような発想では世界は理解できませんよ、ということがギルロイの思考から学べることの基本にある。

だからこう言うことができる。デュボイスの帝国ホテルでの経験も、彼が受けた応対も、極めて近代的な出来事だったと。それは、ギルロイが一九九三年に出版した『ブラック・アトランティック』の第三章で示しているように、近代人デュボイスの近代的な社会的経験のひとつである。デュボイスはハーバード大学で黒人初の博士号を授与された後ベルリンに留学し、ギルロイの描き方に従えば、「ウンター・デン・リンデンで紅茶をすする黒人遊民《フラヌール》の先駆けとなる」★03。ベルリンの美しい菩提樹の並木道と、日本の近代史のさまざまなシーンを見てきた都心の高級ホテルのラウンジ。デュボイスとギルロイという二人の〈知識人〉の思考の旅は、時空を超えてこのように交差している。交差しつつ、「近代性」という重力に、ともに引き付けられている。その交差点に立ち合わせたわれわれは、おそらくまず〈知識人〉という言葉に違和感を覚えるだろう。だからここでは、『ブラック・アトランティック』が、大

★03 *The Black Atlantic: Modernity and Double Consciousness*, London: Verso, 1993, pp.275-276.

西洋を何度も交差して移動し続けたアフリカ系〈知識人〉の経験とヨーロッパ的近代との折衝を描き出した書物であり、「黒い大西洋」という思考が「知性」を主題としたものであることはまさに渡りに船である。われわれは、近代的であるとはどういうことかを問うことから始めなくてはならないのかもしれない。「黒い大西洋」に創造された知性が近代をどのように創造し、または近代によって抑圧されたかを問う。そう問うことで反証的に近代性へと接近する。

そもそも〈知識人〉という言葉への違和感からシンポジウムのテーマが練られたわけだし、この言葉を端緒にしてギルロイの思考を再考しながら近代をもう一度考えてみることは、それほど的外れではないだろう。しかし、もちろんこの文章の中でその最終的な答えを期待することはしないでいただきたい。それはこの限られた紙幅にあってあまりにも労多く益少ない作業であるし、筆者の能力を軽々と超えているからだ。しかし問題とはあらかじめ用意されているのではなく、問うことからしか発生しない。またもう一度改めて問うことによって、来日したギルロイから何を学べるのかを少しでも検証することができれば、この小論はその使命を果たしたことになるだろうか？

## 「黒い大西洋」の終焉？

コリン・パウエルとコンドリーザ・ライスというアフリカ系アメリカ人がブッシュ共和党政権の国務長官に相次いで就任したこと受けて、ギルロイは「黒い大西洋」の終焉を宣言してしまう。[★04] 個々別々の民族や人種や国民国家ではなく大西洋が「黒い」のだと言わしめた、音楽を中心とするアフリカ系のヴァナキュラーでコスモポリタンな文化混合の近代的プロセスが、いまや再び差別と格差を補強する「負のグローバリゼーションの好戦的なサウンドトラック」に成り下がったという。[★05] 音楽という文化のジャンルが歴史性を否定しながら、特定の資本に私有化されたアイデンティティを代弁するものでしかなくなってしまったという指摘は、すでに『ブラック・アトランティック』の中でも展開されていたことである。現在、事態がさらに悲観的な様相を示しているのは、音楽自体の変容に呼応し、もしくはそれを補強するかのように、カルチュラル・スタディーズが批判的プロジェクトではなくなってしまったということにある。ギルロイは言う。

★04　*After Empire: Melancholia or Convivial Culture?*, London: Routledge, 2004.

★05　本書、33 - 34 ページ。

> 〔カルチュラル・スタディーズの〕凡庸な考え方の中には、文化を単に私有の、または民族の、または国民の財産として概念化するだけで満足している保守的な興味に裏打ちされてしまったものもある。[★06]

ボブ・マーリーがジャマイカで国民葬によって英雄化されたことと、カルチュラル・スタディーズ・アソシエーションの世界大会であるCrossroads 2008が二〇〇八年七月初旬にキングストンの西インド大学モナ校で開催された際、参加者のためのレセプションが首相官邸でのガーデン・パーティとして催されたこととは深いつながりがあり、このギルロイの指摘を如実に証明するであろう。

批判的プロジェクトとしてのカルチュラル・スタディーズは、一つの国家の政治エリートが主催するパーティを享受し、一つの国民国家の文化を称揚する祭典を正当化する言説装置となっている。あまたある中で、ラスタファリ、ダンス、レゲエをテーマにした少なからぬセッションが、それらを「ジャマイカ文化」として紹介し、歴史を語り、その固有性と独自性の起源をジャマイカという地理的文化的空間に還元して説明していた。国民文化の展示会。しかしそれはすべてがジャマイカという単一の国家を起源とする文化だという主張ではない。例えば、ジャマイカ発の文化形式がグローバルに展開しているのは、アフリカ、スペイン、イギリス、アメリカなどのさまざまな要素が、ジャマイカというクレオール性に裏打ちされていたからだというものであり、一見、民族の同質性や単一性を前提としてはいないように聞こえるかもしれない。しかし、クレオール性自体を構成するのは、アフリカであり、相対的に黒い肌であり、何よりも奴隷制の記憶と歴史である。大英帝国下で移住し／させられて来たインド系や中国系、また白人のジャマイカ人の位置は、周縁にすら与えられてはいない。「黒い大西洋」は先進資本主義世界ではなく、巨額の第三世界債務に圧迫され、出稼ぎ送金に頼る貧しい国で終焉したとも言える。

しかしここで、急ぎ指摘しておかなくてはならない。一読すればわかることだが、『ブラック・アトランティック』は音楽という文化ジャンルだけの話ではない。それは音楽とともに、音楽と同等に、音楽と同時に、〈知識人〉の旅のプロセスであり、〈知識人〉の「知」のプロセスを再考する試みであったはずだ。「黒い大西洋」のミュージシャンたちによる音楽とフレデリック・ダグ

★06　本書、42ページ。

ラスやW・E・B・デュボイスらによる「知」を同じ地平で検証すること。これである。

『ブラック・アトランティック』は、西欧世界の近代史や近代批評の中で人種と階級との関係を検討する際に断片的にしか取り上げてこられなかったパースペクティヴに、ある種の参照軸を与えた。故エドワード・サイードは『オリエンタリズム』の一九九五年版のあとがきで、アミエル・アカーリーとモイラ・ファーガソンとともに、ギルロイの著作を『オリエンタリズム』出版以降、「人間と文化の地理的分断を当然のこととしていた歴史的経験を再考し再編する」批判的学術的作業の代表作として採りあげている。★07 サルマン・ラシュディ、C・L・R・ジェイムズ、エメ・セゼール、デレク・ウォルコットらが、核心を突きつつもそうと名づけるには至らなかった「新たな美学」を、『ブラック・アトランティック』は提供する役割を担ったのである。サイードによれば、ギルロイの最大の貢献は「かつてはまずもってヨーロッパ人による航路であった大西洋の認識を変容させ、二重化した」ことにある。★08 これはアフリカからの奴隷もまた、ヨーロッパからの植民者とは逆の方向で大西洋を航海していたということだけではない。ヨーロッパ人植民者、反植民地主義の〈知識人〉や活動家、アフリカ人奴隷、その子孫であるアフリカン・ディアスポラ、環大西洋世界ではないところからも航海してきたものたちが、何度も何度も痕跡を残し、それを上書きし、航跡を積み重ねてきた時空間としてである。
興味深いことにサイードは、「黒い大西洋」の知的営為を、シェイマス・ヒーニー、シェイマス・ディーン、ブライアン・フリールらによる詩作、戯曲、演劇集団「フィールド・ディ・カンパニー」の活動とおなじ土俵で論じていることも指摘しておいていいだろう。それはギルロイの思考が「黒い」ことを前提条件としない世界とも共鳴可能だということの証左として考えられるだろう。

「知」のプロセスとしての「黒い大西洋」のリアリティを「グローバルな公共圏」としていま一度表舞台に出し、九・一一以降の世界認識を論じているのがスーザン・バック＝モースである。彼女もまた、『ブラック・アトランティック』の重要性を今日的に理解している人物の一人だ。『テロルを考える――イスラム主義と批判理論』に収められたインタヴューにおいてバック＝モースは、『ブラック・アトランティック』を自らの研究プロジェクトである「ヘーゲルとハイチ」を前景化する一連の作業の中に位置づけている。フランクフルト学派の思想を亡命パレスティナ人の指導の下、アメリカで研究したユダヤ人思想家であるバック＝モース

★07　Edward Said, *Orientalism: Western Conception of the Orient*, London: Penguin Books, 1995/1978, p.353.
★08　同書、p.354.

は、植民地解放の物語ですら、ヨーロッパ中心主義をなかなか抜け出せないでいると指摘する。植民地と宗主国という二項対立を思考の出発点としてしまうと、植民地解放の契機でさえ、ヨーロッパ「発」の啓蒙思想や、その副産物である自由、平等、民主主義のおかげで与えられたものだという思考のくびきから逃れることはできない。ヨーロッパ起源の原理を、例えばハイチ革命の指導者であったトゥサン・ルーヴェルチュールが「応用」した、というように。優れた翻訳者は原語だけではなく翻訳されて提示された言葉をも変えてしまうというヴァルター・ベンヤミンの「翻訳者の仕事」を引きながら、ヨーロッパの知性が植民地の局面に影響を与えたというだけでは不十分であり、植民地解放の動きの中に認められる自律性が、逆にヨーロッパの知性の展開のプロセスに大きなかかわりがあるという、双方向の流れを歴史的に検証することの必要性を、バック＝モースは訴えている。

その端的な例がヘーゲルの「主人と奴隷の弁証法」である。解放奴隷の反乱からルーヴェルチュールによるサン・ドマングの解放にいたるまでを、当時ドイツで発行されていた雑誌「ミネルヴァ」による報道で逐一知っていたはずのヘーゲル。ルーヴェルチュールがナポレオンによって逮捕され処刑された後の、デサリーヌによるハイチ「黒人帝国」の誕生にいたるまでの出来事が、ヘーゲルをして「主人と奴隷の弁証法」を着想させ、結晶化せしめたという。それをなぜ、近代思想の研究者たちが指摘できなかったのか、してこなかったのか、あえてしてこなかったのか、という執拗な追求。啓蒙思想家たちが叫ぶ「奴隷制からの解放」が、とたんに現実となって迫ってきたのだ。ヨーロッパが植民地化していた場所の事実として、ヨーロッパの〈知識人〉の前に突きつけられたのである。

植民地で起こり、宗主国に影響し、挙句の果てに双方を変容させる。このポストコロニアルな「知」的発想を現実化させた書物としてバック＝モースは、ギルロイの『ブラック・アトランティック』を高く評価していた。ギルロイは「世界の領土区分を語りなおし、国民国家と国家解放運動を特権化せずにその歴史を語りはじめた人々の一人」として、「グローバルな抵抗の原形態の系譜学」を担っていると、バック＝モースは言う。★09

## 「今、ここ」のポール・ギルロイ：一人の伴走者として

さて、ギルロイのインパクトは大西洋の両岸の知識人世界を楽々と超えて波及する。「見慣れたものを見慣れないものにする」★10ことが解放的

★09　スーザン・バック＝モース、『テロルを考える――イスラム主義と批判理論』、村山敏勝訳、みすず書房、2005年（=2003）、160ページ。

な行為であると言うバック＝モースに倣うならば、ギルロイのインパクトを語るうえで、おそらく最も初期の、そしてもっとも良質なギルロイの読者としてディアスポラや経路（routes）といった概念を日本語環境に持ち込み、挑発的に文化の「見慣れなさ」を説いてきたのが、日本において、ギルロイの仕事に限らず、イギリスのカルチュラル・スタディーズの最も良質で真摯な理解者であり紹介者でもある、上野俊哉である。ギルロイは、上野が一九九〇年代後半から着手していた、カルチュラル・スタディーズの語彙の空間論化のプロジェクトにおいて中心となる参照対象だった。彼の仕事を振り返るならば、筆者がここで書いている「紹介」などは無用の長物となる。それらの著作を通じて、ギルロイの思考のエッセンスをすでに日本語で読めるからである。もちろん上野はギルロイを単に紹介しているわけではない。時にはサイード、時にはC・L・R・ジェイムズ、また時には中上健次といったスパイスを加えながら上野流に調理されたギルロイが浮かび上がってくるわけで、読者はそこにギルロイの思想のオリジナルを見るわけではない。いや、見ることができるわけはないし、上野もまたそんなことを意図して書いているわけではなかろう。ギルロイは上野が志向するカルチュラル・スタディーズの「空間論的展開」の目標ではなく、あくまでも少しだけ先を行く伴走者なのだから。

上野は、ギルロイのディアスポラ論との出会いが、今福龍太の著書『移り住む魂たち』であったことを認めている。[★11]この本の「ディアスポラの美学」と題された章の中で、今福はギルロイのディアスポラ観を、「人が特定の国に住みつつ、別な場所との強い絆を維持し続けている場合に生じる特異な関係を指す」と定義しているが、[★12]上野の「ディアスポラの思考」も、この定義をベースに展開されることになる。ギルロイが『ブラック・アトランティック』以降のディアスポラ論に寄せられた批判に答える形で発表した「ディアスポラ再考」を翻訳するなど、プロモーター的な役割を果たす一方で、一九九〇年代半ばに雑誌『10+1』に連載していた「都市論の系譜学」シリーズや、九〇年代後半に発表したものに書下ろしを加え、上野ディアスポラ論として（あくまでも過渡的に）集大成させた『ディアスポラの思考』[★13]を通じて、上野は今福の一見一般的過ぎるように見える定義の「住みつつ」と「特異な関係」の織り成すさまざまなパターンを、具体的な理論、空間、力の結節として論じてきた。

レイヴからジャパニメーション、サイバー・パンクからシ

★10 同書、162ページ。
★11 上野俊哉、『シチュアシオン——ポップの政治学』、作品社、1996年、248ページ。
★12 今福龍太、『移り住む魂たち』、中央公論社、1993年、36ページ。
★13 上野俊哉、『ディアスポラの思考』、筑摩書房、1999年。

チュアシオニズム、トニ・モリスンから中井正一、アムステルダムからザグレブ、哲学的言説からからサブ・カルチャーまで、一見軽やかに空間的理論的跳躍を見せつつ、常に変化し続ける文化と権力との結節点を暴露しながら、次へ、外へ、を思考してきた上野にとって、ギルロイのディアスポラ論はある種の必然でなければならない。それは、宗教的にも民族的にも大規模な離散の記憶を持たず、奴隷制も被植民地化も経験せず、「対象＝客体として」しかディアスポラ現象を見つめざるをえない、日本で暮らす、日本語を母語とする、日本国籍保持者にとって、ユダヤ人たちの離散の歴史を刷り込まれ、それにアフリカ人奴隷とその子孫たちが紡いできた苦闘と悲惨を引き受けているコトバが創り出す美学は、いったいどれほどのリアリティと活性力を持ちうるのか、という疑問に対して、だからこそギルロイのディアスポラの美学が必要であり有効なのだと、逆に反論するきっかけを与えてくれるからである。それは大西洋の両岸の出来事だろう、英語圏の話だろう、「黒人の」話だろう、だから日本には、日本人には、関係なさそうだ――このような浅はかな斜め読みに対して、いやいや、無関係ではないんですよ、応用・適用できるんですよと経験論的に反論するのではなく、いやいや、だからこそ大事なんですよ、だからこそ読んで考えなくちゃいけないんですよ、だって、「近代」の話ですからねと、むしろより強い必然性を叩き返すこと。外部からの対象化ではなく、同じ土俵に立たせることで、記憶を響鳴させ、経験を差異化しつつつなぎ合わせ、近代の結節点を探し出すことが、上野にとってギルロイのディアスポラ論の実際的な使い道なのである。

歴史や記憶、近代の経験、資本主義世界における相対的地位の違いが、ディアスポラの問題圏を無効にすることはない、と上野は言う。エグザイルでも、亡命者でも、ポストモダン的な漂流者（＝ノマド）でも、もちろんニーチェからハイデガーにいたる、ヨーロッパの内部性をあらかじめ措定し、そこに留まりつつ彷徨する「故郷喪失者」でもない。上野が「今ここのディアスポラ」と呼ぶ構えとは、次のようなものだ。

ある特定の考え方をとったがゆえに普通の考え方や生き方にはまらない、そこから抜け出すような身ぶり、行動を選択する人間が紡ぎだしていく思考こそがディアスポラの思考なのではあるまいか。批評的（批判的）に考える者は、否応なく、その意識に関わりなくその場所を動かざるをえないということ。危機的な臨界にまで自分の位置を不安定にするようなところ（ま）で考える者は、同時に移動とさまよいを外的な（権）力によっても強いられることになるのだ。★14

これはディアスポラを比喩の水準で定式化している。にもかかわらず、「問題は、この比喩、想像が現実にはたらきはじめる文脈と状況に注意をこらし、さらに現実にそれを生きること」[★15]という条件付けを怠らぬことによって、上野のディアスポラ概念は現実の歴史と不可分な関係を取り結んでいる。ここで上野が強烈に意識しているのがサイードであることは周知の通りである。その意味で、上野のディアスポラ論がサイードの言う「エグザイル知識人」とか「境界知識人」という問題系に直結していることを、まずは指摘しておきたい。この論点は次章で詳しく検討することにする。

ここでもう少し上野とギルロイの併走風景に留まりたい理由は、上野が言うギルロイの「歴史の文体（めいたもの）」を、もう一つの大きな論点として提示したいからだ。上野は、その著書に比して注目されているとはいえない、「ディアスポラ理論における歴史の文体——「もう一つの公共圏」から「様々なキャンプ」へ」という、実にアカデミックな体裁のレヴュー論文を、岩波書店刊行の『歴史を問う』という叢書シリーズの一つである「歴史と空間」に寄稿している。[★16]この論文では、『ブラック・アトランティック』から、二〇〇〇年に出版された*Between Camps: Nations, Cultures and the Allure of Race*にいたるギルロイの著作に、「歴史の記述のようなもの」がディアスポラのただなかに立ち現われる様を見つけ出すことがテーマとなっている。この論文を読むだけでも、十分ギルロイについて「勉強」することができる。

「〜のようなもの」とは上野自身の言葉遣いだが、このように比喩的な言葉遣いでしか語れない、しかしそれでも語りつくすことのできない〈残余、余剰、欠落〉を、「歴史の手前にある記述や思考」の動きとして理解する試みがディアスポラ論だといっても差し支えなかろう。ここであまり深読みしてはいけない。これは最も具体的な意味で、つまり見た目の文章や語彙選び、作文の水準の話である。目で追い、頭で反芻し、手でページをめくり、腕を組んでか、時には頭を抱えてかしながらギルロイの文章を読む具体的な現場で対峙しなくてはならない状況を、ここでは指している。このギルロイの書術について上野の指摘は明快である。

彼の書くものは、様々な概念の学説史的な枠組みの中で記述

★14　同書、33 ページ。
★15　同書、同ページ。
★16　上野俊哉、「ディアスポラ理論における歴史の文体――「もう一つの公共圏」から「様々なキャンプ」へ」、上村忠男ほか編著、『歴史を問う 3：歴史と空間』、岩波書店、2002 年、191 - 234 ページ。

を行う態度ではなく、概念が生成される手前の次元、地平に踏みとどまって思考する身振りがある。ある出来事や事件、現実に概念を当てはめて説明するのではなく、様々な事実や逸話を積み重ねていくことによって、何かしら理論めいたもの、あるいは事後的に理論と呼びうるものが生まれてくる、その現場をうきぼりにしてみせるのである。★17

こうしたギルロイの文書作成技術を前にしては、ディアスポラという言葉自体も含めて、例えば、アイデンティティやハイブリディティといった、ポスト構造主義やポストコロニアリズムを経て独自の意味を与えられた語彙群を目録化し、消費のためにパッケージ化して多用・濫用することはできなくなる。市田良彦の言葉を借りれば、「自分で考えても言える程度のことを外国人研究者につぎつぎ言わせるような寄木細工」★18の断片とされることを、ギルロイの書術は許さない。ギルロイは、みんなが知っている、知っていることになっている、知ったフリをしている／できる言葉たちによって話にオチをつけることをしないし、読者にもそれを求めない。上野はこの字面の側面をまず押さえたうえで、ディアスポラが「住みつつ」作り上げる「特異な関係」が、どのように理論化されているのかを読み解いている。

ディアスポラとは起源（roots）ではなく経路（routes）の話なのだというとき、既にここには大きな問題が含まれている。前者を優先化することはもちろんできないが、かといって後者に過度な優先的意味を与えることは、国境を越えるグローバルな移動やノマド的な流動性を称揚し、文化相対主義に陥ることにもなりうる。この危うさをまずは認めたうえで、上野はルーツとルートを「「根拠地／旅」の二重性としてとらえる」ことの重要性を説いている。[★19]両者は一定の空間にともに潜在的に存在する二つの契機である。この二重性によって、ギルロイはアフリカ人奴隷の子孫だからという理由だけで呼びかけられる安易な連帯や、その契機としてのアフロ・セントリズムを、「民族絶対主義」だとして徹底的に拒絶する。ロビン・ケリー[★20]のような、「黒人的なもの」を最終的なアイデンティティとして、古典マルクス主義的な階級闘争との相同性を駆使して活性化させることで、人種差別を崩壊させようと試みる論客たちとそりが合わないのは、この理由による。

---

★17　上野、2002年、199ページ。
★18　市田良彦、「訳者解説およびあとがき」、ポール・ヴィリリオ、『速度と政治——地政学から時政学へ』、平凡社ライブラリー、2001年、242ページ。
★19　上野、2002年、201ページ。
★20　著書に『ゲットーを捏造する：アメリカにおける都市危機の表象』（村田勝幸・阿部小涼訳、彩流社、2007年）など。

実はギルロイが自身の思考の伴走者として定位しているフレデリック・ダグラス、W・E・B・デュボイス、C・L・R・ジェイムズらにも、起源と経路の二重の契機が、実に危うく、微妙なバランスをもって存在していることを認めることができる。つまりかつての「ブラック・ナショナリズム」——ギルロイの語彙で言えば「民族絶対主義」——と、国民的なものを超えたコスモポリタニズムが、弁証法的には決して解消＝昇華できない様式で緊張関係を生み出しているのである。ギルロイは彼の伴走者たちを頭から友好的に肯定するのではない。かといって、彼らの思考の時代拘束性をあげつらって否定しきることもない。ギルロイにおけるディアスポラの「文体めいたもの」が、あくまでも「めいたもの」でしかありえないのは、〜の思想はこう読める、こう読まなくてはいけないといった、決まりきった意味の優先性の集積としての文体とはかけ離れたところから語彙を積み上げ、理論化の作業を進めているからである。

「民族絶対主義」への徹底的な批判と攻撃がより先鋭化した仕事が、*Between Camps* である。この意味で、『ブラック・アトランティック』から引き継がれたテーマをこの本から読み取ることができる。この本でギルロイが「キャンプ」という比喩を通じて喚起しようとしているのは、「民族絶対主義」の「絶対」性が作り出される空間を、歴史的かつ認識論的に描き出すということである。ホロコーストを通じてユダヤ人が受難した強制収容所。アフリカから引き剥がされた黒人奴隷とその子孫たちが、その生と死を植えつけられたプランテーション。ディアスポラという問題系を立てることによって、強制絶滅収容所とプランテーションを横断して、「キャンプ」という空間の特異性が浮かび上がる。しかしこれは、単なる比較の問題ではないと、上野は急いで指摘する。[★21] 両者を横断している空間性が、ともに受苦を被った人間集団に特異な経験としてではなく、「新しいかたちの行政管理、人口調整、戦争、強制労働」が一方的に行使される「例外空間」として出現したのである。そこでは市民社会や主権国家における遵法性や手続きが棚上げされ、人間の身体への管理と暴力を封じ込めつつ効率的に作動させることができる。

例外とは、主権者によって構成される市民社会、私有財産と参政権、社会権と生存権が法的に規制＝確保されている状態に対しての「例外」である。そしてそれが常態化している空間を「キャンプ」と呼ぶ。この「例外」のさなかでこそ、労働するものとさせるもの、政治的敵対者の一方的排除、「劣等人種」というカテゴリー化といった、人間の種別化と選別化がもっとも残酷かつ効率

★21 上野、2002年、225ページ。

的に行われる。そうした種別化と選別化の果てに措定される集団的アイデンティティ。このアイデンティティがイデオロギー的にどう優勢化されようと、それを導くプロトタイプとして「キャンプ」が想定される。プロレタリアートと資本家。これも、マルクスとエンゲルスが想定した「二つのキャンプ」である。オスカー・ネグトとアレックス・クリューゲにいたっては、階級が分化し党が形成される資源として「キャンプ・メンタリティ」を想定している。

ギルロイは、こうした階級論志向の先達たちが付与したキャンプを、プランテーション、強制収容所、難民収容所へと歴史化し、近代的人種化の装置とみなすにいたる。日常が「例外空間」化していくと言うとき、このテーゼを社会学的に無色透明化してしまえば、システムによる生活世界の植民地化と言い換えても、それほど差しつかえないように思える。この過程で、「黒い大西洋」が音楽を通じて作り出すもう一つの近代、もう一つの公共圏に寄せられていたギルロイの期待は、急速に薄れていく。これが上野の解釈である。人種の空間的生産装置としての「キャンプ」と、「黒い大西洋」への幻滅。この二点を指摘したまま、ほぼ概念の域にまで達している「キャンプ」という言葉の困難さを、上野はそのまま引き受ける。デュボイスの「二重意識」もまた、「キャンプ・メンタリティ」

の変種ではないかと認めつつも、「キャンプ」には「黒い大西洋」のような運動論的ダイナミズムを認められないのだ。アイデンティティそのものの生成が「キャンプ」であるならば、人種差別に抵抗するためのアイデンティティさえ「キャンプ」を必要とするということになる。ならば、いったい抵抗の潜在力をどのように想像し、創造することができるというのか？　「近代（現代）性と人種主義との関わりの歴史を探査すること」が「キャンプ」という比喩の効用だと示唆しながらも、何か釈然としないものが上野には残っているようだ。★22「キャンプ」の両義性と政治的曖昧さは、上野にとって、「黒い大西洋」における「歴史の文体めいたもの」を立ち現わせた「歴史以前」の何かとは、別のものとして考えられているのである。

### 狭間を作り出す

ここで上野の問題設定を批判的に受け継ぐ形で、「黒い大西洋」と「キャンプ」との間に横たわっている（と上野が指摘している）、ある種の方向転換について考えてみたい。もっとも、時間を経たアドヴァンテージで、少しだけ

★22　上野、2002年、228ページ。

違う読み方を提示するだけのことになるだろうが。上野が指摘するもっとも大きな論点は、『ブラック・アトランティック』ではまだ残っていた黒人音楽や表現文化への期待が、*Between Camps* ではほぼ失われてしまっているという点だ。黒人表現文化の肯定的評価から否定的評価へ。上野は、肯定されるべき「もう一つの公共圏」の潜在的可能性を潰してきたのが「キャンプ」ではないかと問題提起して、「黒い大西洋」から「キャンプ」への視座の移行を、「同時代的な歴史的変容」だと考えている。[★23] 出版間もない時期に困難な語彙群にタックルした上野が提示した先見性を発展的に検証するために、以下に二つの論点を提供したい。

第一に、プランテーションから収容所へという流れを、いったいどこまで近代の必然として考えることができるのかということである。上野はジグムント・バウマンの『近代とホロコースト』[★24] における近代文明と大量虐殺との分かちがたい関係性の指摘を、ギルロイの「キャンプ」論のモティーフだと考えている。もちろんギルロイ自身が認めてもいるように、バウマンのどうしようもないヨーロッパ中心主義を批判しつつも、極限の残虐さが近代的かつ道具的に合理化され、応用と反復がともなった空間が「キャンプ」であるとするバウマンが、プリモ・レーヴィやジャン・アメリーら、ホロコーストの証言者たちとともに決定的に重要であることは疑いない。しかし「キャンプ」を「黒い大西洋」の問題系に連動させ、人種、人種差別、人種的思考の生成を見極め、それらの抵抗するディアスポラ論を構成するためには、*Between Camps* 第二章 'Modernity and Infrahumanity' においてハンナ・アレントを参照する必要があった。

アフリカにおいて植民地主義が獲得した土地は、後にナチスのエリートとなるものたちにとってもっとも豊穣な土地となった。そこで彼らは、人々がどのように人種へと配置されるのか、そしてその過程を先導するだけで、どのように自らを支配人種として位置づけることになるかを、つぶさに目にしたのである。★25

このアレントからの引用から始め、ギルロイは、奴隷制もホロコーストも、帝国主義的植民地支配を正当化するために必要とされた「劣等人種」の捏造なしには不可能だったと論じていく。アレントによれば、アフリカの植民地には、「人種差別に基づいた全体主義国家を

★23 上野、2002年、229ページ。
★24 ジグムント・バウマン、『近代とホロコースト』、森田典正訳、大月書店、2006年。
★25 Hannah Arendt, *The Origin of Totalitarianism,* New York: Schocken, 2004/1951, p.268.

作り上げるための多くの要素」[★26]を拾い出すことができた。端的に言って、ヨーロッパ列強によるアフリカでの帝国主義的政策がなければ、ナチスによる人種化された全体主義統治は、あのような形態にはならなかったということだ。アフリカで極限までの暴力を現実化しておきながら、ナチスのユダヤ人絶滅政策をあたかも例外であるかのように非難する帝国主義ヨーロッパの国々に対して、エメ・セゼールが怒りに満ちた『植民地主義論』[★27]を突きつけた理由もここにある。ヨーロッパの帝国主義者たちは、アフリカで「殺戮という鎮定の手段を通常のまっとうな外交政策へと勝ち誇ったかのように導入」[★28]することによって、後の全体主義とそれによる大量虐殺の前史を準備したのである。

アフリカン・ディアスポラは、近代に深く刻印された制度的、道徳的、心性的な空間編成としての「キャンプ」の間に、隙間を作り、可動域を確保することができるのだろうか？　この点についてギルロイはまだまだ慎重である。この慎重さの理由が第二の論点となる。プランテーションから収容所に連なる、故郷を喪失したものたちに根源的に通呈する受難・受苦の歴史は、カタストロフの領域だけにとどまりきらないということを再確認しよう。アフリカ系黒人が反人種差別の実現のために闘ってきた政治・社会運動の歴史に見られる「民族絶対主義」と、強制収容所に収斂するナチス・ドイツの全体主義的人種差別主義とが、まったくかけ離れているどころか、近代の一つの帰結として近接性をもっていたことを論証することに、*Between Camps* の主たる目的がある。

例えば、独自の汎アフリカ主義によってネイション・オブ・イスラムからラスタファリアニズムまで多大な影響を与え、現在でもジャマイカで国民的英雄として崇拝されているマーカス・ガーヴェイの次のような言葉。

あらゆる人種は道徳においてもその外見においても純粋でなければならない。だからこそわれわれニグロは、アングロ・サクソン・クラブ[★29]の指導者やメンバーたちに憧れを隠せないのだ。彼らは誠実にも、そして名誉あるやりかたで、われわれがなんとしてでもわれわれ自身の人種を純化し標準化しようと努めているように、白人種を純化し保持しようと努めている。[★30]

ガーヴェイが戦闘的白人至上主義者の集団であるクー・クラック

★26　同書、p.286.

★27　エメ・セゼール、『帰郷ノート／植民地主義論』、砂野幸稔訳、平凡社ライブラリー、2004年。

★28　Sven Lindqvist, *Exterminate All the Brutes*, London: Granta, 2002/1992, Preface.

★29　クー・クラックス・クランのこと。

ス・クランの人種観に強烈な親近感と理解を示していたこと。また、ガーヴェイ主義的なブラック・ナショナリズムが、ヒトラーの指導するナチスの軍律スタイルと選民主義に近接していること。白人も黒人も、純化され標準化された人種を物神化しているわけである。アフリカ系アメリカ人の、奴隷制とその後史に中心化される歴史、記憶、経験、表現文化と、ユダヤ人の絶滅を図ったホロコーストの張本人であるナチスとに類縁性を見出すなど、それは政治的に正しくない歴史の解釈なのかもしれない。しかしギルロイは、ナチスの革命的保守主義がどのようにアフリカ系アメリカ人の「解放」運動に影響を与えたかを論証していく。制度や形式、スタイルの域に留まるものではなく、道徳的純粋さと人種の純潔をともに志向しながら、人種という人間のカテゴリーが次第に抗しがたい自明性をおびていく過程で、両者は同じ土俵の上に立つことになる。ここに、「民族絶対主義」に収斂される人種的思考が成立する。ブルジョワ退廃主義からの解放と自由を謳う国家社会主義と、奴隷制の遺産と奴隷的メンタリティからの解放と自由を唱えるブラック・ナショナリズムは、奇妙だが必然的な照応性を見せることになる。

では、大西洋の海流に豊かな発想のヒントを得ていた『ブラック・アトランティック』から、陸上の「キャンプ」＝収容所へと空間的な近代性のモデルを移すとき、それは、ヨーロッパ中心的な近代への「対抗的近代」、もしくはブルジョワ市民社会に対する「もう一つの公共圏」であった「黒い大西洋」自体が変質したということだけを意味するのだろうか？

ギルロイは、かつての「黒い大西洋」がいまや「キャンプ」になってしまったという類の、時系列的な性質の変化を嘆いているわけではなかろう。また、ディアスポラと人種との密接な関係に対する彼の根本的な立ち位置自体がドラスティックに変化したとも思えない。おそらく、「黒い大西洋」はそのままなのだ。奴隷たちが中間航路を運ばれてからこの方、それは「もう一つの公共圏」でもあり、「対抗的近代」でもあり、そして同時に「キャンプ」であったし、そうあり続けている。そういうことではないだろうか？　ギルロイがヒップ・ホップの隆盛による黒人音楽や、スポーツ産業が主導する黒人身体の多文化資本主義による商品化を嘆いているのは、「黒い大西洋」でさえ「キャンプ」化されてしまうからではなく、両者の緊張関係にルーツとルートの解消しがたい二重性を認めてしまったからではないだろうか？

★30　Marcus Garvey, "The Ideals of Two Races", *Philosophy and Opinions of Marcus Garvey*, vol. 2, London: Frank Cass, 1967, p.338.（Paul Gilroy, Between Camps: Nations, Cultures and the Allure of Race, London: Allen Lane, 2000, p.233 より引用）

ルートや移動の局面を強調しすぎることによって、エグザイルやノマドの越境性を過度に付与されカジュアルな意味で美学化された――つまり非政治化された――ディアスポラ論がはびこる中、この二重性を認めることからしか、カタストロフを引き受けざるをない人間たちの位置取りを、ディアスポラという概念に担わせることは不可能だと判断したのではないか？　上野自身が紹介しているエピソードからこのことが読み取れる。上野は、ここで論じている彼の論文の註の中で、とあるシンポジウムの場で、中国系アメリカ人の批評家で『ディアスポラの知識人』の著者であるレイ・チョウとギルロイの間で交わされたやり取りを回想している。「ディアスポラという概念もまたいつかは理論的に脱構築されていくかもしれない」というチョウの発言をさえぎったギルロイは、「自分はまったくそうは思わない。ディアスポラという概念は、歴史においても、これから先の時間においても、ある種の苦難を引き受けざるをえない人間たちのために理論的かつ政治的に常にとっておかれるべきだ」と強く反論した。★31　ロンドン大学ゴールドスミス校で行われたこのシンポジウムにオーガナイザーの一人として参加していた筆者も、このときのギルロイの鋭い口調を今でもはっきり覚えている。

上野が指摘するように、これは単なるゴシップではなく、ディアスポラをめぐってカルチュラル・スタディーズが抱え続けてきた問題を如実に現していると考えるべきだろう。チョウの意図がどこにあろうと、彼女が用いた「脱構築」という言葉はそのまま「消費」と翻訳可能だからだ。言葉は翻訳アカデミック産業によって、その言葉が指示する対象は多国籍文化産業によって、それぞれ高度な記号化の過程を経て消費される。ギルロイは近年速度も精度も上げている黒人性の商品化に対する批判的武器を磨くと同時に、アフリカン・ディアスポラがそもそも近代資本主義の内部から発生したことを強調するのだ。

奴隷とは始めから商品だった。それも所有されることを前提として、さまざまな帝国主義勢力の利害が絡む流通経路に組み込まれた商品だった。奴隷の供給はイギリスとオランダの合弁会社によって、運搬はフランス人を船長として多国籍多人種のクルーからなる船によって、陸揚げされた後はボストンの奴隷商人に買い取られ、ドイツから移民してきた農場主に仕えることになる。こんな一生は珍しいことではなかった。本書第一部でギルロイが引用しているジェイムズによれば、陸から引き剥がされ、中間航路を運ばれ、そしてまたプランテーションという土地に植えつけられる「奴隷が着ていた服でさえ、食べてい

★31　上野、2002年、233ページ。

た食料でさえ、輸入されていた。したがってニグロとは、そもそもの始めから本質的に近代的生活を生きていた」[★32]のである。しかしそこに、ノマド的な意味での「自由」はない。

二つのことが確認された。第一に「キャンプ」という空間編成によって生み出される人間のカテゴリー化、道徳、心性は、極めて近代に内在的なものであって、それが政治体としての全体主義に結実するのか、それとも特定の民族や国民の「解放」につながるのかに関わらず、そこから人種が、人工的に作られた自然化された秩序として沸き出でるための資源となっていた。ディアスポラもまた「キャンプ」とは無縁でありえず、むしろそれが特定の人種に占有された国民や民族として語られるとき、極めて危うい緊張関係に組み込まれることになる。第二に、上野が論文の最後で述べているように、このルーツとルートとの緊張関係を避けたり解消したりするのではない、その関係性が構成する様相としての「トランスローカル」な空間があるということ。どこでもいつでも主意的に移動できる下部構造的資格を備えたコスモポリタンではなく、「グローバルなものとローカルなものの双方にまたがりながら、双方の間で交渉し闘争する」[★33]ものの空間として、当然「歴史の文体」となる以前に、それは立ち現れる。上野はまたもやそれを、ギルロイにおける「アフロ・フューチャリズム」や「ブラック・フューチャリズム」への期待の衰退としてとらえているようだ。もちろん、ギルロイはそれらをユートピア的な解放の思想として評価しているわけではない。未来主義と全体主義との近接性を認めてしまうからだ。しかし、「ユートピアへ」から始めるのではなく、「ディストピアから」発想してみたらどうなるだろうか？ 奴隷制というディストピアを歴史化しなおし、ジェイムズの言う「ニグロ」、つまり「近代的生活を生き」ざるをえなかったディアスポラたちの知性の現在形を、どこかに求めることはできないだろうか？

〈知識人〉は、ここで再び問題となる。「エグザイル知識人」、「境界知識人」、そして「ディアスポラ知識人」。「トランスローカル」の空間とはいかにして可能かという上野が残した宿題に解答するための必要条件として、おそらくエグザイルであり、境界人であり、同時にディアスポラであることによって「トランスローカル」な空間をこじ開ける知性が必要なのだ。

---

★32 C.L.R. James, "From Toussant L'Ouverture to Fidel Castro" in *The Black Jacobins*, 1980, p.392.

★33 上野、2002年、232ページ。

## 魅力的な言葉と最悪の経験――非－ナショナルな思考をめぐって

ディアスポラを中心概念として近代を再理論化しようという試みは、先に触れたデュボイスの帝国ホテルでの逸話をどのように読むかという構えに直結する。白人女性の傲慢さを許さず、デュボイスにきちんと応対した帝国ホテルのレセプショニスト。その行為を官僚的効率性ではなく、ナショナルな心情論として読むとき、「やはり日本人は素晴らしい」、「日本は素晴らしい」となる。繰り返しになるが、筆者もそのレセプショニストとしてのプロフェッショナリズムは素晴らしいと感嘆する者である。だからこそギルロイ夫妻をそこに連れて行ったのだ。しかし、数十年前のその個人の行為が、なぜ瞬時に、日本というナショナルなものの共同性に回収されてしまうのだろうか？

この賞賛は、あくまでも普遍主義的な体裁をとっている。人種の差異にとらわれない、普遍の意識を持つ、日本人という特殊が出来上がる。この普遍による特殊――「日本人」という――の制作過程は、日常的な意味でまったく他人事ではない。「国際文化学部」という名称の制度の中で教員をしていると、時々分けのわからないディレンマをどんどん助長し、それに積極的に加担している言説がはびこっていることに気づく。〈「国際」文化学部なのです、ガザで、ダルフールで、カブールで、世界で何が起きているかを知りなさい。他者の文化に目を向けなさい。異文化コミュニケーションは大事です、グローバル化する世界ではエッセンシャルです〉。このようなことを、教えるわけである。しかしこれは、国際文化学部の必要条件でしかない。十分条件として、〈他者を知るならまず己＝日本のことを知りなさい〉、ということが、そのままの言葉ではないけれど、手を変え品を変え刷り込まれていく。日本国籍ではない学生が少なからずいるのに、である。ここで、世界は「海外」、日本「以外」として想定されていることは明らかだ。不思議である。「世界」を知っていれば、日本のことをわざわざ重点的に知らなくてもよいのではないだろうか？　日本も「世界」の一部なのだから。

留学生と日本人学生との合同授業などを担当すると、このおかしなトートロジーは致命的な水準に達する。「留学先で聞かれますよ、日本はどうするんだ、日本はどうなんだってね」とか、「留学先の学生のほうが日本のことよく知ってるかもしれませんよ。だから渡航前には最低限の知識をつけてってください」とか、あまりにもカジュアルな言葉遣いだが、ここで筆者がしゃべっていることは原理的に、歴代自民党政府だの文科省だのが言うところの「国際社会への貢献」と一緒なのではあるまいか？　曰く、「国際社会の一員として責任を果たすためには、まず自国の歴史、文化、伝統を知らなくてはなりません」。これでは、改正教育基本法を忠実に遵守する模範教員となってしまう。さらに恐ろしいのは、海外から交換留学でやってきた学生諸君に「日本のことよく知ってるね」などと口にしてしまう場合だ。言葉が堪能なのは珍しくともなんともないし、そもそも希望して、望んで来日しているのだから、興味のあることを知っているのは当然である。なのに「日本人なのに～」や「日本人じゃないのに～」という発想。これは、かのレセプショニストを「国際的に通用する」日本人の「鑑」に仕立て上げるナショナリズムと同じ「キャンプ」的心性だと言わざるをえない。

さまざまな国に旅し、交換留学やその他の手段で一年や、場合によっては二年外国に滞在して、卒論や修士論文のテーマを決定するものも少なくない中で、〈地に足のついたテーマで、日常的な疑問から、身の回りの関心や違和感を大切にしなさい〉。なるほど、「文化は日常的」なのだから、その通りではあろう。しかし、生活圏がそのまま「日常」や「身の回り」になるとはまったく限らない。だから、日本や東アジアのことをテーマに選ぶ必然性はどこにもない。京都の閑静な住宅街で生まれ育った学生が、北アイルランド紛争における分裂したアイデンティティの押し付けを批判することをテーマに選んでもよいのだし、北摂の郊外でバスケに興じてきた学生がブロンクスでの自らの経験をもとに「ニガー」という差別用語の系譜学を構想してもよいのである。カルスタは〈洋楽〉好きで結構。彼ら/彼女らにとって、「それ」こそがアクチュアリティのある「問題」であるならば。「どこから来たかではなく、どこにいるのか」を問うことでこそ初めて成り立つ問題構成がある。「どこにいるのか」を問うことが「どこに行くのか」を考え始める機制となる。

では、どうするか？「キャンプ」の外に出ることができるのか？しかしこのような問いは成立しない。確かにギルロイにおいて、例外的なものが通常化され、極度の非常事態が常態化された例として強制収容所や捕虜収容所、難民収容所や移民収容所などの具体的な空間が参照されている。それらの施設から「解放」され外に出ることはできるし、歴史の事実としてそれは可能だった場合もある。しかし、それらの施設は現代社会の道徳的かつ政治的な特徴が凝集され具現化されたモデルであり、そこからの「解放」は「キャンプ」的思考から離脱することを意味しない。そもそもギルロイにおける「キャンプ」とは、出たり入ったりできる実体的なものではない。「キャンプ」はテリトリーではないのである。だからこそ、「キャンプ」の常態性を相対化するためには、「キャンプの間」に住まう——つまり移動を前提としてテリトリーを占有しない——ことができるのみなのだ。

では世界は、例えば「鉄の檻」の比喩で意味されるような全体性によって説明されるしかないのだろうか？　どこもかしこも「キャンプ」となり、世界が大きな一つの収容所となる。ギルロイはこう思考しているのだろうか？　しかしおそらくこのような問いもまた、内部／外部というテリトリーの思考に縛られたものだ。「キャンプ」は全体とはならず、偏在する。[★34]だからこそ「間」を想像することができる。収容所は、おそらく群島でしかない。かつて上野が手がけていた批評モノローグが「批評の群島」と名づけられていたことの先見性も、ここでいま一度評価すべきだろう。ディアスポラは、群島の間に複雑にめまぐるしく辺流する海流によって移動するということだ。

近代を近代たらしめている状況が、偏在する「キャンプ」に囲まれていることだとしたら、「キャンプ」という群島の隙間や狭間を思考することが近代的知性だということにもなる。この意味での近代的知性の系譜は、ギルロイが二〇〇四年に出版した*After Empire: Melancholia or Convivial Culture?*において、決してメイン・テーマとしても、突出した論点としても提示されてはいないが、通奏低音として響いている。そしてここにもまた、上野との共鳴性が見つけられる。上野が前掲論文で「ディアスポラの思考」の体現者と位置づける「エグザイル知識人」サイードの身構えを、ギルロイは知識人であるが故の故郷喪失感に裏打ちされた『ミニマ・モラリア』におけるアドルノ、そしてアウエルバッハによるサン・ヴィクトールのフーゴーの「希望観測的なリサイクル」[★35]を通じて具現化しようと試みる。

しかしサイードも『オリエンタリズム』や『故国喪失についての省察』の中で引用している十二世紀のカトリック聖人の言葉は、いかにもヨーロッパ的な人文主義の匂いに満ちている。

自分の故郷が素晴らしいと感じているも者は、また弱々しい未熟者にすぎない。あらゆる土地が自分の故郷であると感ずる者は、すでに強くなっている。しかし世界が残さず外国の地であると感ずる者は、完璧である。弱い魂はその愛を世界の中の一つの場所に固定する。強い人間は、自分の愛をあらゆる場所に広げた。完璧な人間は、自分の愛を消滅させるのである。[★36]

もちろんギルロイは、フーゴーの説くコスモポリタンな異邦性を手放しに

---

★34 Gilroy, 2000, p.93.

★35 Gilroy, 2004, p.27.

称揚し、現在の世界に欠けている心性としてその回復を唱えているわけではない。フランドルで生まれ、ザクセンで育ち、マルセイユやパリで修行したこの聖人の言う「世界」が、ルネッサンスを経て、宗教戦争を経て、市民革命と植民地主義を経て、帝国主義による世界分割を経て、世界大戦と冷戦とその終焉を経ても同じ「世界」であるわけはないからだ。また、「弱い魂」と「強い人間」を対置する教養主義――過度な知性主義？――を、ヨーロッパ中心主義だと批判することも難しくはない。また、自分の愛を消滅させることができるのは、その果てにより高次の神の愛、神の恩寵の実現を見るからであるという、あまりにもカトリック的な予定調和を指摘することもできる。現在の「キャンプ」世界に適用するには無理ばかりが先に立つ。ではなぜギルロイはこの聖人に言及したのか？ 言い換えれば、このアフォリズムをどのように現在化し、継承することができるだろうかということである。

サイード自身も言うように、「エグザイルは、それについて考えると奇妙な魅力にとらわれるが、経験するとなると最悪」[★37]である。にもかかわらずギルロイは、フーゴーの言葉の「世界が残さず外国の地であると感ずる者」という部分にこだわる。[★38]なぜなら、すべてが異邦となったとき、それは「自らの文明に対するシステマティックな不義・不忠を実践すること」[39]となり、そうすることによって初めて「自らの文明を理解し、他者のそれとの対等な交渉」[40]が可能になるからだ。こうしたある種の否定弁証法的な政治判断を改めて強調するのは、ギルロイ自身とディアスポラ論が直面するそれぞれの政治的困難が背景にあるからだろう。

まだイェール大学で教鞭をとっていたとき、ギルロイはある討論会で九・一一以降の反イスラムの風潮とイラク戦争を話題にし、アメリカが劣化ウラン弾やクラスター弾の使用によってアメリカ国民とイラク国民との命に軽重をつける「帝国主義的ダブル・スタンダード」と、「イスラエルとの地政学的利害」を「極力当たり障りのない言い方」で指摘した。するとある保守右翼学生がその発言をレポートに書き、ギルロイはめぐりめぐって保守的な『ウォール・ストリート・ジャーナル』上で糾弾された。当時左派ラディカルやリベラルな大学教員への同じようなバッシングが、メディアやインターネットを通じて展開され、「反米」や「反ユダヤ主義」のレッテルを貼られた教員たちは、ギルロイの言葉で言えば「自己検閲」に走っ

★36　サイード、『故国喪失についての省察 1』、大橋洋一ほか訳、みすず書房、2006 年（=1984)、191 ページ。
★37　同書、2006 年、174 ページ。
★38　Gilroy, 2004, p.79.
★39　同書、同ページ。
★40　同書、同ページ。

ていった。[★41]

これがブッシュ的ポピュリズムによる反知性主義の一端であることは間違いない。「自分は反米（anti-American）ではない、非米（non-American）なだけだ」と残念がったギルロイが再びロンドンに戻る決断をした裏には、このときに経験したアメリカでの異邦性に対する非寛容がある。しかし問題は、彼のキャリアには収まらない。批判的な思考の流れやつながりを「民族絶対主義」によって分断する反知性主義は、いまやいたる所に噴出しているからだ。そのもっとも皮肉な兆候こそ、近年のカルチュラル・スタディーズの生産物に顕著な、文化を国民や民族の所有物とみなす傾向なのだ。共存しようが衝突しようが、そうした所有された固有性を「差異」というポストモダン常套句であれこれと味付けして見せてきたある種のカルチュラル・スタディーズは、文化相対主義というデッドロックに落ち込み、悪魔と紺碧の深海の間で（between the devil and the deep blue sea）にっちもさっちも行かない状態にある。だから、極端に言えば、「文明の衝突」というテーゼとも奇妙な親和性を持つことになる。差異は一切であり決定的であるから、もう文化的折衝などしても仕方ないというわけである。ギルロイが、「女」であるフェミニストたちに巣食う「強制的異性愛」に対する強烈な批判者であるアドリエンヌ・リッチの怒りに満ちた言葉をフーゴーに共振させるのは、国民の、人種の、民族の、ジェンダーの、セクシュアリティの、言語の、アイデンティティの、文化の「差異」絶対主義に警句を鳴らすためだ。リッチは、「その差異ゆえに顔をそむけねばならない、私たちの相似性から逃げださなくてはいけない」と言われ続けてきたことを怒る。★42「差異」に立ち返り、「差異」を閉じよ。内部的共同性を構築せよ、それが連帯だ、と言われ続けてきたわけだ。「キャンプ」はこうして、その偏在性の強みを発揮する。「キャンプ」を円滑に「キャンプ」化する（encampment）のは言語であり、その言語を媒介としたアイデンティティであるかもしれない。行政志向であれなかれ、現行の多文化主義は、「多」を編成する文化自体が閉ざされた内部的共同性を核としている限りで、「キャンプ」の極みとしてのゲットー化か、そのソフト・ランディングの一形態としての住み分け（segregation）のどちらかに行き着くしかないだろう。

しかし、ディアスポラにとってすべてが「外国」であるならば、言語もアイデンティティも、始めから自明性を剥奪されて

---

★41　一連の報道は Gary Young, *The Guardian*（2006年4月4日）による。またこの記事は *Courier Japon*、2006年5月18日号に「"反ブッシュ" 教師を追放へ——右翼学生たちの陰湿な密告」として翻訳されている。

★42　アドリエンヌ・リッチ、『嘘、秘密、沈黙——アドリエンヌ・リッチ女性論』、大島かおり訳、晶文社、1989年（=1979）、21ページ。

いるはずだ。そこにいるからそれを話すとは限らないし、そうなるとは限らない。では言語に変わる道具として、言語のようにアイデンティティを構成する道具となるものがあるだろうか？　またそれは言語のように必要だろうか？　ギルロイにとっては、その役割を音楽が果たしている。それに対して市田は、音楽が言語のように機能するということ、また、音楽が共同性を作ると同時に、言語と共同体との照応性が一定の同質性を措定させてしまったように、音楽共同体が文化となって内部に特定の倫理を強要するようになってしまうのではないかと疑問を呈している。この問題に関しては本書第一部を参照していただくこととし、ここでは、ギルロイが「キャンプ」化の力に対して狭間を作り出し、「根拠地／旅」の緊張関係を再び構成する契機としてどのような構想を携えているかを確認するにとどめておこう。

その一つの可能性が「コンヴィヴィアリティ」にありそうだ。「多文化を社会生活の日常とせしめる共存共生と相互作用の過程」[★43]と緩やかに定義されるこの言葉は、当然イヴァン・イリイチに発するものである。ギルロイはその言葉を、交歓と共生というニュアンスを崩さずに、メキシコのネイティヴ・インディオの村落共同体から、イギリスの多文化都市やその他のポストコロニアル都市へと旅させる。ギルロイにおけるこの祝祭的な共生の感覚は、多文化主義やアイデンティティが終焉したときに立ち現れる。興味深いのは、「コンヴィヴィアリティ」はそのまま人種差別の敗北と寛容の勝利を意味するものではないという点である。それは差別や寛容の行為が、民族の絶対性や人種の統合性に帰結しない、むしろ空虚なパフォーマンスとなる、ラディカルさに開かれている空間。意味を組み替えるのではなく意味を吸出し、空虚化する行為に、ギルロイは「閉ざされ、固定され、物象化された」[★44]アイデンティティの終わりを見る。

「コンヴィヴィアリティ」＝共歓。他者に対する不安がやがて自己への不信となり、自己検閲から相互監視への過程が自然な流れだと受け止められて、セキュリトクラシーの力が上昇する状況の間で、狭間で、いったい人は何をもって共に生き、歓びを交えるのだろうか。それがもし言葉でも音楽でもないとしたら？　ヒントは、ある。ここで、異端のカトリック神父であったイリイチもまた、その後期の著作『テクストのぶどう畑で』[★45]において、フーゴーの読書行為論に幾度も立ち返っていることに注意を払ってみよう。

「ユーグが読むとき、彼は収穫する」、とイリイチは言う。[★46]まるでぶ

★43　Gilroy, 2004, p.xi.
★44　同書、同ページ。
★45　イヴァン・イリイチ、『テクストのぶどう畑で』、法政大学出版局、岡部佳世訳、1995 年（=1993）。

どう畑から果実をもぎ取るように、人はページを読み取る行為を行う。それは身体の動きなのだ。古代ヘレニズム世界では、読書――音読――はボール遊びや散歩にかかわる健康法だったという。「読書をすることは、その人が健全な肉体を持っていることが前提であった」[★47]。読書は、目、肺、のど、舌、唇を用い、手を用いる身体技法だったのである。声に出さない読書が一般的になったときでさえ、目がその他の器官の機能をひとまとめに代行しているにすぎない。しかし、その目の動きは、口を動かすという動作によって決定されていた。読書行為においてまず言葉ありきではなく、また言葉を見る視覚でもなく、口の動作ありきとなれば、言葉や音楽もまたある種の身体技法、身体所作の帰結であるにすぎない。ディアスポラ文化における論争点が、言語や音楽、そしてそのサブ・カテゴリーであるパトワやヴァナキュラー、リズムやアンティフォニーなどに中心化されてきた経緯の中で、はたしていったい身体はどう論じられてきたのだろうか？　もちろん、ガブリエル・アンチオープのダンス論をわれわれは既に知っているし、C・L・R・ジェイムズのクリケット論の重要性は何度も繰り返して強調すべきである。しかし彼らにもまた「キャンプ」的心性の危うさを認めてしまった今、ディアスポラ身体論の新しい語彙が求められている。異邦性の思索家であるとともに、身体の思考者でもあったフーゴーに、その追及の端緒を見つけ出すことはできないだろうか?

## おわりに――「薪を切り水を汲む」ディアスポラ

ディアスポラ的な奴隷たちは「根無し草」ではない。足首と首を鎖でつながれているのだ。船においては腐臭漂う船底に、プランテーションにおいては綿花の乱れる耕作地に縛り付けられているのだ。海草のように漂いたくても、漂えるわけがなかろう。ノマド的で気ままな移動は、始めから不可能なのだ。だからこそノマド的な異邦性を強く求めるのだ。[★48] この意味で、ディアスポラとは極めて身体的であり、その束縛は主人に対してだけではなく、鎖による兄弟姉妹同士のつながり (brotherhood/sisterhood bondage) が現実化されていた。それは身体的拘束であると同時に、運命をともにせざるをえないもの同士の連帯と友愛の契機ともなりうる。一度そのつながりが解かれると、肉体に傷跡を刻印したディアスポラたちの中には、潮

★46　同書、55ページ。この翻訳では、イリイチの原著での綴りがHughであること受けて「ユーグ」と訳している。

★47　同書、同ページ。

★48　ファトゥ・ディオム、『大西洋の海草のように』、飛幡祐規訳、河出書房新社、2005年。

の流れに任せるのではなく、自ら海流を探し、それに乗り、船の速度を操り、風を読み、海流自体を大きな動力として移動の痕跡を残すものも現れた。

航跡が消えぬうちに同じ海流に沿って幾多の移動が重ねられ、大西洋は「黒く」なった。しかし「黒さ」の始まりである奴隷船もまた、形式と秩序を備えた「キャンプ」となりうる。しかしこれを、ルートとしての海の掟がルーツを是とする陸の掟にハイジャックされたと考えるのは少し性急である。むしろ、ギルロイが本書で指摘しているように、近代黎明期の沖合では、崇高な無秩序が地上の領土的権力を凌駕していた。海賊たちを押さえ込み、海洋権力を飼いならし、植民地的拡張主義の準備を整える過程で、近代国家は海上での統制管理技術を、地上での統治術へと徐々に応用していくのである。

港の整備、巨大な倉庫群の建設、造船技術の発達と効率的な建造システム、荷降ろし後の効果的流通経路の確保、船舶労働者や港湾労働者の確保と秩序維持等。これらの目的のために、警察機構が整備され、労働管理が徹底され、定額賃金という概念が発生し、近代的な労働過程があたかも地上の生産諸関係を雛形として出来上がったかのような歴史の物語が成立する。しかし、ギルロイは次のように指摘する。

港は常に、交易、情報、〔資本の原始的〕蓄積といった相互に交差する網の結び目だった。波止場では地面に根付いた主権が河川や外洋の荒くれる力だけでなく、水際で労働するものたちの独特の慣習や遍歴、不服従の心性と対決した。海洋連鎖のもう一方の際では、拡張するヨーロッパの利害によって形成された植民地的な海洋国家権力が、自由と自立を求めて闘う奴隷、船員、海賊、原住民たちの反帝国主義的な抵抗と対決していた。こうしてまったく異質の集団たちが、勃興しつつある資本主義の容赦ないからくりに対して、時として一致団結して闘っていたのである。★49

港でも海上でも歯向かう奴等がいたということであり、問題は、その輩を武力や法で始末するだけではなく、プロレタリア化し生産関係に招き入れるために、資本は苦心したということである。歴史家ピーター・ラインバウとマーカス・レディカーは、その野心的で壮大な視野を備えた大西洋史の集大成と言える *Many Headed Hydra: Sailors, Slaves, Commoners, and the Hidden History of the Revolutionary Atlantic* ★50 に

★49　本書、46ページ。

★50　Peter Linebaugh & Marcus Rediker, *Many Headed Hydra: Sailors, Slaves, Commoners, and the Hidden History of the Revolutionary Atlantic*, New York: Beacon Press, 2000.

おいて、このような輩が「ヒドラ」として立ち現れ、弾圧され、しかしまた形状を変え、しつこく、何度でも歴史に登場し、大西洋世界の市民革命を成し遂げる巨大な勢力となったにもかかわらず、領土的主権国家によって〈なかったこと〉にされてきた経緯を、克明に描き出している。多人種、多国籍、無国籍者で構成された「ヒドラ」は、まだあやふやな、「よちよち歩きの」[★51]国民国家の行く手を遮り続けたのである。

ディアスポラを、この「ヒドラ」の転生（re-incarnation）として考える――これを、本論の結論なき結部として提示したい。「ヒドラ」は様々な形象で、名称で、語彙で、歴史に登場するが、ラインバウとレディカーがまず注目するのは、旧約聖書において労働であり懲罰でもあった「薪を切り水を汲む」という行為である。商品生産以前の労働力として、「薪を切る」とは、例えば土地を収用し、港や船を作り、その港でものを運び入れ、船をも動かすこと。「水を汲む」とは、港湾船舶労働者に水や食糧を供給し、家庭では家事を、工場では生産工程以外の雑事を担うことである。英語の慣用句としては「下層労働者」を意味するこの言葉が具体的に共示するのは、サボタージュと逃亡によって、雇用者側には常に不安定だが、しかし初期資本主義において不可欠な、私有財産を持つべくもない最底辺の労働過程である。それは既にジェンダー分業化されていた。そして、逃亡奴隷や解放奴隷、宗教的被迫害者や脱獄囚などから構成されるこの輩たちは、多民族プロレタリアでありコスモポリタンでもあった。

ラインバウとレディカーが「薪を切り水を汲む」ことにことさら注目するのは、これが労働の実態であると同時に、近代資本主義の発展にともなって、様々な改革・解放運動の言説の中で、抑圧されしものたちを意味する有効な比喩として用いられるようになったからである。彼らが紹介しているだけでも、アイルランドではジョナサン・スウィフトが、ウルフ・トーンが、ジェイムス・コノリーが、イングランド人によって搾取され続けているアイルランドの民のことをこう呼んだ。十九世紀のイングランドではチャーティストの活動家たちが、「このままでは労働者階級は負債ばかりを背負った獣と成り果てる、つまり薪を切り水を汲むものに」と改革を叫び、カリブの大英帝国植民地で始めて小説を出版したマックス・フィリップスがアフリカ人の奴隷の子孫たちを描写するときにこのフレーズを用いた。後世になり、全国有色人種地位向上協会（NAACP）のガーヴェイ主義者であるサミュエル・ヘインズは、「もはやわれわれは薪を切るだけではない」と宣言し、NAACPの創立者であ

★51　白石隆、『海の帝国――アジアをどう考えるか』、中公新書、2000年。

り、ガーヴェイとは真っ向対立していた、かつての帝国ホテルのゲストW・E・B・デュボイスによれば、黒人は「単に薪を切り水を汲むだけだという白人たちからの罵り」を避けなければならないのだった。南アフリカではアフリカ国民会議（ANC）の創設に際して、そしてネルソン・マンデラによるアパルトヘイトの終焉宣言の中にも、「薪を切り水を汲むもの」が現れていた。[★52]

歴史的事実の変遷を問うているのではない。転生とはアイデアの変換である。そして、本論はギルロイの思考の「解説」を期待されている。だから、「ヒドラ」としての「薪を切り水を汲むもの」がどのように現代のディアスポラに転生し、なおかつ、その転生が〈知識人〉という問題構成とどのように結びつくのか、一つの考えを述べたいと思う。ここで再び、二十世紀の異能の知識人を介して十二世紀の賢人に登場してもらおう。イリイチは、サン・ヴィクトールのフーゴーのフーゴーにとって「目を使って読むことはたきぎを探す行為と似ていなくはない」と言う。[★53]フーゴーにとって読書とはまず「読む」という口を動かす行為であることは先に述べたとおりだが、ラテン語の読む〈legere〉の語源は、「摘む」、「束ねる」、「収穫する」、「集める」といった肉体行為であり、さらには小枝や潅木の束を意味する〈lignum〉はこの動詞から派生しているからである。[★54]薪を集める、小枝を束ねる。それは木を切り倒し、耕作地を開墾し、材木を製造するよりもさらに原初的で、スキルのいらない、しかし汲んだ水を沸かす火種を得るためには不可欠な準備労働である。「コンヴィヴィアリティ」の思索家イリイチにおけるフーゴーによって、「薪を切り水を汲むもの」はまるで薪を切り集めるようにアルファベットを選び出し、薪を束ねるように一語に束ね、束ねたものを積み上げるように言葉を吸収し、備蓄し、それを〈知識〉とする。

こうして、今も昔も、カタストロフに寄り添われて越境し移動する「薪を切り水を汲むもの」は、〈知識〉へと接近する。これは、〈知識人〉が労働者と同じ地平に立つということではない。〈知識〉がディアスポラのものになるということだ。もし〈知識人〉がいるとすれば、それは予め決められた一方的な語り部としての普遍的知識人や、対話者として〈知識〉を媒介する有機的知識人を必要とする、物語としての〈知識〉を操るものではなく、「根拠地」と「旅」とが偶発的に交わる時の断片的な緊張感を、行為するものたちだろう。身体を使って緊張感の在り様を体現するものたちだ。だから、アカデミズムの内に留まるとか留まらないと

★52 Linebaugh & Rediker, 2000, p.41.
★53 イリイチ、1995 年、95 ページ。
★54 同書、同ページ。

か、内から外に向けて発信するだとか、「わかりやすく」「大衆的に」書くだとか、そのような目的論的発想とはまったく関係のない事柄である。内に留まるまま外に向けて発信することは、一見勇気ある逸脱のように見える。しかし、そもそも外に向けての発信なのだから、内にとっては痛くもかゆくもない。おまけに、一度発信したものへのバックラッシュは、内と外との防波堤によって内へは逆流してこない。だから、「〈知識人〉とは誰か？」という議論にありがちな、「大学を飛び出た〜」とか、「在野の〜」とか、「専門家以外にもわかるように〜」といった修飾句は、問題自体との位相が違うのだ。

このような〈知識人〉というものの構えは、上野の言う「歴史記述のようなもの」の、いま再びの重要性にも投影される。歴史が物語であるなら、人の数だけ、もしくはxの数だけ歴史はある。しかし、歴史的思考に必要なはずの緻密さは、お門違いで揚げ足取りの瑣末さに道を譲ってしまった。おそらく歴史は、どこかで差異の物語であることを止めるべきだろう。「大きな物語」へ帰れということではない。あれでなければこれ、これを言えばあれを言えず、という差異の因果応報の物語に立ち寄り続けることを止め、少し違った普遍へと漕ぎ出すことはできないだろうかということだ。

ハイテク旅客機でさえ、旅の途中の鳥一羽で不時着を余儀なくされる。巨艦タンカーでさえ、潮の流れの激しいところでは細心の注意を払った航海術が要求される。視野を確保し、旅風を待ち、潮目を読み、海流を操作する作業を、まずはギルロイを読むことより始めよ。

# あとがきという名の謝辞

この機会を可能にしてくれた、多くの方々に感謝しなくてはならない。シンポジウム開催当時の大学院研究科長であった吉岡政徳さんを始め、神戸大学国際文化学研究科の同僚諸氏、また事務職員のみなさんには、準備段階から当日の運営に至るまで、ひとかたならぬご支援をいただいた。シンポジウム実行委員会のメンバーだった阪野智一さん、水田恭平さん、上野成利さん、安岡正晴さんには、特に感謝申し上げる。中でも阪野さんには、実行委員長として資金繰りを始め、様々な交渉の先頭に立っていただいた。運営資金の大半を占めた教育研究活性化支援経費を配分してくれた大学当局に感謝するとともに、その獲得のための煩雑な事務仕事を的確にこなしてくださった阪野さんのご尽力に感謝する。どうもありがとうございます。

パネリストの決定は、まずポール・ギルロイを招聘することから始まった。不肖の弟子の突然のリクエストにも関わらず、初来日を快く引き受けてくれ、充実した時間を作り上げてくれたギルロイに。彼と対等に、緊張感をもって、実質的な議論を繰り広げられるのはこの人しかいないだろうという主催者の勝手な期待に、十二分に、見事に応えていただいた本橋哲也さんに。企画当初から強いコミットメントでサポートしてくださり、「おざなりでないまともな議論とはこうやるんだよ」ということを、身をもって範示してくれた市田良彦さんに。ありがとうございました。

神戸大学国際文化学部及び大学院の、小笠原ゼミに所属する学生諸君がいなければ、シンポジウム自体が成立しなかった。ギルロイの著作の読書会を夏休みから始め、当日の会場運営に汗をかき、ギルロイと彼のパートナーであるヴロン・ウェアを迎えての学生ワークショップを見事に成功させてくれた二十四名。特に三名の名を挙げる。留学先のロンドンから一時帰国し、学生メンバーの陣頭指揮を取ってくれた栢木清吾くん、読書会の企画・運営からウェルカム・パーティのオーガナイズまで、数カ月に渡るハードワークを見事に乗り切った横山'Yokoching'純、シンポジウムのポスターと本書のカヴァーをデザインしてくれた毛利仁美さん。君たちのおかげで、ギルロイ夫妻の受け入れ態勢は万全であった。どうもありがとう。

ギルロイ夫妻が東京でデュボイスの足跡を辿ることができたのは、『ブラック・アトランティック』の訳者の一人である和光大学の上野俊哉さんが同大学総合文化研究所においてワークショップを企画してくれたおかげである。上野さんと、当日の運営に携わってくれた同研究所のみなさんに感謝します。このワークショップの模様は同研究所の紀要「東西南北」に掲載されているので、本書と合わせて是非読んでみてください。

最後に、インタヴューの翻訳・転載を許可してくれた*Movements* 誌のジム・コーエン、本書の出版を引き受けてくださった松籟社の相坂一社長、編集部の夏目裕介さん、編集作業を取り仕切ってくれた同じく編集部の藤墳智史くんに、心から感謝したい。特に、三年前まで大学院の指導学生であった藤墳くんとの仕事がここにこうして完成したという事実には、特別な意味がある。

みなさん、ありがとうございました。

しかし、どこから来たかではなく、いまどこにいるのか、そしてこれからどこに行くのかがずっと大事です。失速し続け、ほとんどエンスト気味のカルチュラル・スタディーズのリスタートを、ここから切ることができれば、幸いです。

二〇〇九年五月

小笠原博毅

D512

# 用語索引

## さ

## た



## な

# 人名索引


**あ**

アウエルバッハ、エーリヒ　Auerbach, Erich　83, 129, 231

アカーリー、アミエル　Ackerley, Amiel　200

アブデル=マレク、アンワール　Abdel-Malek, Anwar　77

アフマド、エイジャズ　Ahmad, Aijaz　82, 83

アメリー、ジャン　Améry, Jean　216

アリー・G　Ali G　184, 185

アリストテレス　Aristotle　20, 28

アレント、ハンナ　Arendt, Hannah　217

アロノヴィッツ、スタンレー　Aronowitz, Stanley　174

アンチオープ、ガブリエル　Entiope, Gabriel　238

石原慎太郎　117, 118, 130

イシュマエル　Ishmael　54

今福龍太　205

イリイチ、イヴァン　Illich, Ivan　124, 236, 237, 244, 245

ウィリアムズ、レイモンド　Williams, Raymond. H.　153

ウェア、ヴロン　Ware, Vron　189

ウェッジウッド、ジョシア　Wedgwood Josiah　56

上野英信　74

上野俊哉　204-211, 213-216, 222, 224, 225, 230, 246

ウォルコット、デレク　Walcott,Derek. A.　200

エキアーノ、オローダ　Equiano, Olaudah　51, 54, 160, 161, 179

エンゲルス、フリードリヒ　Engels, Friedrich　214

オバマ、バラク　Obama, Barack. H.　164

**か**

カント、イマニュエル　Kant, Immanuel　27, 51

クーパー、ロバート　Cooper, Robert　171

クラプトン、エリック　Clapton, Eric　180

グラムシ、アントニオ　Gramsci, Antonio　18, 29, 156

クリューゲ、アレックス　Kruge, Alex　214

クローマー卿　Lord Cromer（イブリン・バーリング　Evelyn Baring）　78, 79

ケリー、ロビン　Kerry, Robin D.G.　211

コーエン、サチャ・バロン　Cohen, Sacha Baron. N.　⇒　アリー・G

コノリー、ジェイムス　Connolly, James　243
コリー、リンダ　Colley, Linda　170
コルバン、アンリ　Corbin, Henry　78


さ

ザ・ストリーツ　The Streets　184, 186
サイード、エドワード　Said Edward. W.　71, 72, 77-86, 99-101, 126, 128, 129, 156, 200, 201, 204, 208, 230, 231, 232
サッチャー、マーガレット　Thatcher, Margaret. H.　103, 154, 180
サド、マルキ・ド　Sade, Marquis de　51
サン=ヴィクトールのフーゴー　Hugh of Saint Victor　231, 232, 235, 237, 238, 244, 245
ジェイムズ、C・L・R　James, C. L. R.　54-56, 153, 157, 166, 200, 204, 212, 223, 225, 238
シャトーブリアン、フランソワ=ルネ・ド　Chateaubriand, François-René de　78
シュミット、カール　Schmitt, Carl　159
シュワブ、レイモンド　Schwab, Raymond　79
ショーペンハウアー、アルトゥル　Schopenhauer, Arthur　27, 28
ジョーンズ、リロイ　Jones, Leroy　24
スウィフト、ジョナサン　Swift, Jonathan　243
スキナー、マイク　Skinner, Mike　⇒　ザ・ストリーツ　The Streets
スピヴァク、ガヤトリ・C　Spivak, Gayatri. C.　71, 87, 89, 90
セゼール、エメ　Césaire, Aimé　77, 200, 218
ソラナ、ハビエル　Solana, Javier　171


た

ダーウィン、チャールズ　Darwin, Charles. R.　136
ターナー、ブライアン・スタンリー　Turner, Bryan Stanley　77
ダグラス、フレデリック　Douglass, Frederick　212
チャーチル、ウィンストン　Chuchill, Winston　136
チョウ、レイ　Chow, Rey　223
鶴見俊輔　74
鶴見良行　74
ディーン、シェイマス　Deane, Seamus　201
ティバーウィ、アブドゥル・ラティフ　Tibawi, Abdul Latif　77
デサリーヌ、ジャン=ジャック　Dessalines, Jean-Jacques　202
デュセル、エンリケ　Dussel, Enrique　159
デュボイス、W・E・B　DuBois, W. E. B.　57, 191-195, 200, 212, 214, 226, 244

トーン、ウルフ　Tone, Wolfe　243

な

中井正一　206
中上健次　204
ニーチェ、フリードリヒ　Nietzsche, Friedrich. W.　207
ネグト、オスカー　Negt, Oskar　214
ネルヴァル、ジェラール・ド　Nerval, Gérard de　78

は

ハーディ、トマス　Hardy, Thomas　179
ハイデガー、マルティン　Heidegger, Martin　120, 207
パウエル、コリン　Powell, Colin　197
バウマン、ジグムント　Bauman, Zygmunt　184, 216
バスティード、ロジェ　Bastide, Roger　157
バック=モース、スーザン　Buck-Morss, Susan　201-204
バトラー、ジュディス　Butler, Judith　71, 87-89, 101,
花崎皋平　74
パニッカル、カバラム・マドハラ　Panikkar, Kavalam Madhara　77
バルトラ、ロヘル　Bartra, Roger　157
ヒーニー、シェイマス　Heaney, Seamus　201
ファーガソン、ニーアル　Ferguson,Nial　170
ファーガソン、モイラ　Ferguson, Moira　201
ファノン、フランツ　Fanon, Franz　63, 64, 77, 153, 157
フィリップス、マックス　Max, Phillips　243
フーコー、ミシェル　Foucault, Michel　30-32, 78, 82, 83, 86, 108, 115, 119, 156
プーランツァス、ニコス　Poulantzas, Nicos　156
ブッシュ、ジョージ・ウォーカー　Bush, George. W.　163, 197, 234
ブラウン、ゴードン　Brown, Gordon　174
ブラスウェイト、カマウ・エドワード　Brathwaite, Edward Kamau　157
プラトン　Plato　20, 23, 24, 26, 27, 29, 30
フリール、ブライアン　Friel, Brian　201
プルースト、マルセル　Proust, Marcel　28
ブレア、トニー　Blair, Tony　170, 171, 176
フロイト、ジグムント　Freud, Zygmunt　38, 62, 169
ブロッホ、エルンスト　Bloch, Ernst　177
ヘインズ、サミュエル　Haynes, Samuel　243
ヘーゲル、ゲオルク・ヴィルヘルム・フリードリヒ　Hegel, G. W. F.　201, 202

ベンサム、サミュエル　Bentham, Samuel 51, 160
ベンサム、ジェレミー　Bentham, Jeremiy 51, 160
ベンヤミン、ヴァルター　Benjamin, Walter 202
ボウイ、デヴィッド　Bowie, David　180
ボードレール、シャルル　Baudelaire, Charles　28
ホール、スチュアート　Stuart, Hall　74, 154, 156-158, 190
ボナパルト、ナポレオン　Bonaparte, Napoléon　202

## ま

マーリー、ボブ　Marley, Bob　162, 198
マキャヴェリ、ニコロ　Machiavelli, Niccolò　108
マッケンジー、ジョン　MacKenzie, John. M.　78, 80-82
マムダーニ、マフムード　Mamdani, Mahmood　36
マラルメ、ステファヌ　Mallarmé, Stéhane 28
マルクス、カール　Marx, Karl　29, 81, 82, 172, 211, 214
マンスフィールド卿　Lord Mansfield（ウィリアム・マレー　William Murray） 160
マンデラ、ネルソン　Mandela, Nelson 244
ミッチャーリッヒ、アレクサンダー Mitscherlich, Alexander　170
ミッチャーリッヒ、マルガレーテ Mitscherlich, Margarete　170
メルヴィル、ハーマン　Melville, Herman 53, 54, 55
森崎和江　74
モリソン、トニ　Morison, Toni　19, 28
モンテスキュー、シャルル=ルイ・ド Montesquieu, Charles-Louis de　184, 185

## ら

ライス、コンドリーザ　Rice, Condoleezza 163, 164, 197
ラインバウ、ピーター　Linebaugh, Peter 51, 161, 241-243
ラシュディ、サルマン　Rushdie, Salman 200
ラスキン、ジョナ　Raskin, Jonah　77
ランシエール、ジャック　Ranciere, Jaques 15
リヴィングストン、ケン　Livingstone, Ken 181
ルイス、デイヴィッド・レヴェリング Lewis, David Levering　192
ルイス、バーナード　Lewis, Bernard 78-80

ルーヴェルチュール、トゥサン L'Ouverture, Toussaint 202
ルソー、ジャン=ジャック Rousseau, Jean-Jacques 17, 27, 28
レーヴィ、プリーモ Levi, Primo 216
レーガン、ロナルド Reagan, Ronald 103
レーン、エドワード Lane, Edward. W. 78
レディカー、マーカス Rediker, Marcus 241-243

**箱田徹（はこだてつ）**

1976年生まれ。神戸大学大学院総合人間科学研究科博士課程修了。神戸大学大学院国際文化学研究科学術推進研究員。大阪大谷大学ほか非常勤講師。

著書に『権力と抵抗から統治の主体へ　統治概念の生成と発展としての後期フーコー思想』（神戸大学大学院総合人間科学研究科提出博士論文、2008年）、『フーコーの後で』（共著、慶應義塾大学出版会、2007年）。論文に「抵抗の不在、闘争の遍在　フーコー統治論の主体論的展開について」（『現代思想』第37巻第7号、2009年）など。訳書にトニ・ネグリ他、『非対称化する世界』（共訳、以文社、2005年）などがある。

**小笠原博毅（おがさわらひろき）**

1968年生まれ。神戸大学大学院国際文化学研究科准教授。

主な著書に『サッカーの詩学と政治学』（共著、人文書院、2005年）、『よくわかるメディア･スタディーズ』（共著、ミネルヴァ書房、2009）など。訳書にジェームス･プロクター、『スチュアート･ホール』（青土社、2006年）などがある。

## 著者、訳者、および編者略歴

**市田良彦（いちだよしひこ）**

1957 年生まれ。神戸大学大学院国際文化学研究科教授。

主な著書に『ランシエール――新〈音楽の哲学〉』（白水社、2007 年）、『闘争の思考』（平凡社、1993 年）など。訳書にルイ・アルチュセール、『哲学・政治著作集』（全 2 巻、共訳、藤原書店、1996 － 1999 年）、ポール・ヴィリリオ、『速度と政治――地政学から時政学へ』（平凡社、1989 年）などがある。

**ポール・ギルロイ（Paul Gilroy）**

1956 年生まれ。ロンドン・スクール・オブ・エコノミクス＆ポリティカル・サイエンス（LSE）社会学部教授。

主な著書に、*There ain't no black in Union Jack: The Cultural Politics of Race and Nation*（Hutchinson, 1987.）, *Small Acts: Thoughts on the Politics of Black Cultures*（Serpent's Tale, 1993.）, *Between Camps: Nations, Cultures and the Allure of Race*（Allen Lane, 2000.）、*After Empire: Melancholia or Colonial Culture?*（Routledge, 2004.）などがある。

**本橋哲也（もとはしてつや）**

1955 年生まれ。東京経済大学コミュニケーション学部教授。

主な著書に、『カルチュラル・スタディーズへの招待』（大修館書店、2002 年）、『ポスト・コロニアリズム』（岩波新書、2005 年）など。訳書にデヴィッド・ハーヴェイ、『ネオリベラリズムとはなにか』（青土社、2007 年）、ジュディス・バトラー、『生のあやうさ』（以文社、2007 年）などがある。

黒い大西洋《ブラック・アトランティック》と知識人の現在

2009年6月17日　初版第1刷発行　　定価はカバーに表示しています

著　者　市田　良彦
　　　　ポール・ギルロイ
　　　　本橋　哲也
編　者　小笠原　博毅
発行者　相坂　一

発行所　松籟社（しょうらいしゃ）
〒612-0801　京都市伏見区深草正覚町1-34
電話　075-531-2878　振替　01040-3-13030
ウェブサイト　http://shoraisha.com/

カバー・表紙装画　毛利　仁美
印刷・製本　モリモト印刷（株）

Printed in Japan

 ISBN978-4-87984-270-1　C0010

植民地主義・植民者との訣別——ポストコロニアリズム研究を駆動してきたこの呼びかけを、本書もまた共有している。植民地主義との訣別は、被植民者だけの課題ではなく、植民者と訣別すべきは、被植民者ばかりではない。植民地主義の終わりのために、植民者自身に、みずからの植民地主義と、植民者としての自分自身との訣別をせまる一冊。

**植民者へ**
ポストコロニアリズムという挑発
**野村浩也 編**
四六判並製・512頁・3200円

---

## 不埒な希望
ホームレス／寄せ場をめぐる社会学
**狩谷あゆみ 編著**／北川由紀彦・中根光敏・西澤晃彦・文貞實・山口恵子・山本薫子 著
46判並製・320頁・2200円

寄せ場、ダンボール村、自立支援、移民、女性、抵抗、襲撃の考察から現代社会に張り巡らされたさまざまな〈埒〉の存在を可視化する不埒な試み。

## 浮気な心に終わらない旅を
社会学的思索への誘惑
**中根光敏 著**

46判並製・240頁・2100円

今とはちがった、もっと別な自分や社会があるのではないかと思っている人へ——ウソと恋愛と性の商品化と自由をめぐる考察から、浮気な社会学へと誘う。

## 構成的権力
近代のオルタナティブ
**アントニオ・ネグリ 著**
杉村昌昭・斉藤悦則 訳
A5判上製・520頁・4800円

ネグリのライフワークついに邦訳。反-暴力の暴力へ！　破壊的創造としての絶対的民主主義のために。マキアヴェリを橋渡しにマルクス論とスピノザ論を総合するネグリの代表作。

## 闘走機械

**フェリックス・ガタリ 著**
杉村昌昭 監訳
46判上製・278頁・2400円

ドゥルーズとの出会いからフーコー論まで、精神分析、第三世界、民族差別、麻薬現象、前衛美術……を語るガタリの分子的思考の全面展開。

※2009年6月現在。
別途消費税がかかります。